Das Pippilotta-Prinzip

● *Christine Weiner* ist Diplombetriebswirtin und arbeitet seit Jahren als Journalistin, Autorin und Trainerin. Sie hat bereits zahlreiche Ratgeber verfasst.

Carola Kupfer arbeitet als Ghostwriterin und Hörbuchredakteurin. Beide geben seit Jahren Seminare für Frauen zu persönlicher Weiterentwicklung.

Christine Weiner, Carola Kupfer

Das Pippilotta-Prinzip

Ich mach mir die Welt, wie sie mir gefällt

Illustrationen von Marion Görtz, grimm.design

Campus Verlag
Frankfurt/New York

Zitate aus *Pippi Langstrumpf* (Gesamtausgabe) von Astrid Lindgren, mit freundlicher Genehmigung des Verlags Friedrich Oetinger GmbH.

Bibliografische Information der Deutschen Bibliothek
Die Deutsche Bibliothek verzeichnet diese Publikation in der Deutschen Nationalbibliografie. Detaillierte bibliografische Daten sind im Internet über http://dnb.ddb.de abrufbar.
ISBN-13 978-3-593-37768-1
ISBN-10 3-593-37768-3

Umschlaggestaltung: grimm.design, Düsseldorf
Illustrationen: grimm.design, Düsseldorf
Satz: Fotosatz L. Huhn, Maintal-Bischofsheim
Druck und Bindung: Druckhaus Beltz, Hemsbach
Gedruckt auf säurefreiem und chlorfrei gebleichtem Papier.
Printed in Germany

Besuchen Sie uns im Internet: www.campus.de

»Aber da ich nie seekrank bin, brauche ich mir erst mal
keine Sorgen darüber zu machen, wie man
es buchstabiert ...«, sagte [Pippi].
»Und wenn *ich wirklich einmal seekrank werden sollte,*
dann hab ich anderes zu tun als darüber nachzudenken,
wie man es schreibt.«

Astrid Lindgren, *Pippi Langstrumpf*

Wenn Pippi Langstrumpf jemals eine Funktion gehabt
hat, außer zu unterhalten, dann war es die, zu zeigen,
dass man Macht haben kann und sie nicht missbraucht.
Und das ist wohl das Schwerste, was es im Leben gibt.

Astrid Lindgren

Inhaltsverzeichnis

Es war einmal in einer schwedischen Kleinstadt 9

1. Mein wertvollster Schatz bin ich! 17

2. Ich weiß, was ich will – und ich werde es mir holen! . . 41

3. Warum vorwärts nur mit rückwärts geht 65

4. Vom Glück, merkwürdig zu sein 89

5. Ich suche nicht, ich finde! 107

6. Wie erleichternd es ist, nicht perfekt zu sein 129

7. Wenn keiner dir was singt, dann pfeif dir selbst ein Lied 149

8. Ohne Plutimikation geht's auch – lassen Sie sich nicht manipulieren 173

9. Wie hält man Veränderungen frisch? 193

Die Geschichte von Pippi Langstrumpf 197

Nachwort 201

Danksagung 203

Register 205

Es war einmal in einer schwedischen Kleinstadt ...

Pippi Langstrumpf?

Stimmt. Da war doch was in unserer Kindheit. Etwas ganz Besonderes, etwas, das uns gut tat zwischen all den ernsten Erwachsenen um uns herum. Eine Geschichte, die uns jahrelang begleitete, die uns erzählt und vorgelesen wurde, die wir im Kino oder Fernsehen sahen. Eine Geschichte mit einer kleinen Heldin, die keine Waffen trug, aber bärenstark war. Die uns zum Lachen brachte, ohne dass es jemals hämisch wurde. Ein Mädchen, das keine Schule besucht hatte, aber lebensklug war, und das die Gabe hatte, Herzen für sich zu öffnen.

Schöne Geschichten waren das. Wir konnten uns als Kinder darüber amüsieren und tauchten tief in Pippis Welt ein.

Pippi Langstrumpf erklärte uns unsere Welt, indem sie uns mit in ihre nahm. Wir lernten unsere Ängste und heimlichen Sehnsüchte zu begreifen, auch wenn wir nie in der kleinen Stadt waren, in der Pippi Langstrumpfs Geschichten spielten. Und trotzdem sehen wir sofort alles wieder vor uns: die Villa Kunterbunt, die Apfelbäume, die Nachbarskinder Thomas und Annika, Herrn Nilsson, den Affen, und das Pferd, Kleiner Onkel, auf der Veranda.

Spätestens jetzt müssen wir vielleicht sogar ein wenig lächeln. Und wir alle haben ganz sicher das Bild von diesem frechen und sympathischen Mädchen im Kopf, das höchstwahrscheinlich irgendwann in jeder Mädchenvergangenheit eine Zeit lang ein geliebtes Vorbild war.

War?

Vielleicht ist sie es noch. Denn vergessen haben wir sie nicht. Im Gegenteil, wir begegnen Pippi immer wieder, in neuen Buchauflagen, als Zeichentrickfigur oder Stickmotiv auf Kinderkleidung. Auch Mütter kommen irgendwann mit der Heldin ihrer eigenen Kindertage wieder neu in Berührung. Sie schenken das Buch ihren eigenen Kindern und lesen abends daraus vor. Seite für Seite blättert sich dabei auch die eigene Kindheit wieder auf.

Und die anderen? Die, die noch keine Kinder haben oder niemals welche bekommen werden? Die verschenken das Buch an Nichten und Neffen oder an sich selbst. Und dann gibt es noch die Fans, die an Fasching sogar in die Pippi-Langstrumpf-Rolle schlüpfen. Sind sie Ihnen auch schon aufgefallen, die vielen Frauen zwischen 20 und 35 Jahren, die in den Faschingstagen mit Ringelstrümpfen, künstlichen Sommersprossen und einer knallroten Zopfperücke durch die Straßen springen? Was bewegt diese Frauen dazu, nach so langer Zeit immer wieder zu dieser Kostümierung zu greifen? Diese Frauen könnten sich auch als Pinguine oder als Biene Maja verkleiden. Tun sie aber nicht. Sie wollen Pippi Langstrumpf sein. Das muss doch einen Grund haben!

Klar, den gibt es auch. Pippi-Sein macht einfach Spaß. Das war schon immer so. Auch wenn wir es über die Jahre des Erwachsenwerdens vergessen haben. Oder uns nur gelegentlich daran erinnern. Dann zum Beispiel, wenn wir kostümiert sind und ohnehin alles erlaubt ist. Und wie sie dann feiern können, die vielen Pippilottas! Kaum zu bremsen sind sie, mit dem Charme des ungezogenen Mädchens und dem Sexappeal der jung gebliebenen Erwachsenen. Anscheinend genügen ein paar aufgemalte Sommersprossen, um für ein paar Tage eine andere Frau zu werden. Denn es ist offensichtlich: Pippilottas sind anders. Irgendwie selbstbewusster und stärker.

Das Phänomen Karneval zeigt, dass es immer noch reizvoll ist, sich als Pippi verkleidet etwas von seinem geregelten Alltag zu lösen und die eigene Person und das eigene Leben aus einem anderen Blickwinkel zu betrachten. Es sind ganz andere Frauen, die wir plötzlich sehen. Sie sind facettenreich, witzig und interessant – und leider ist der Zauber viel zu schnell vorbei.

Die meisten Pippilottas kehren spätestens am Aschermittwoch in ihr altes Leben zurück. Sie legen ihre heimlichen Träume und unausgelebten Seiten mit dem Kostüm wieder in den Schrank. Wie schade! Dabei ist es doch so reizvoll, nicht jeden Schritt im Leben zu überdenken und jede Handlung auf ihre Konsequenzen hin zu überprüfen.

Was spricht dagegen, ein paar Seiten von Pippilotta in unseren Alltag zu integrieren? Vielleicht nicht gerade die Frisur oder das Outfit, aber diese Offenheit und auch der Wagemut, den könnten wir auch an manch anderem Tag gebrauchen. Dann, wenn uns die Decke auf den Kopf fällt, wir uns langweilig, lustlos und von anderen völlig übersehen fühlen.

Als Sie ein kleines Mädchen waren, wurden Sie selbst ein wenig Pippi Langstrumpf, wenn Sie die Geschichten von Astrid Lindgren lasen. Pippi hatte Kraft und war durch und durch vertrauensvoll. Lustig war sie und voller bunter Einfälle. Und ... was war es denn noch, was Sie an Pippi Langstrumpf so mochten, dass Sie sie bis heute nicht vergessen haben?

Versuchen Sie, sich an Bilder Ihrer Kindheit zu erinnern – und dafür gemeinsam mit uns auf den Speicher Ihres Lebens zu gehen. Dort in einer Ecke neben wackeligen Kleiderschränken, verstaubten Koffern und alten Regenschirmständern steht die Truhe Ihrer Kindheit. Darin eingelagert: Erinnerungen, Sehnsüchte und längst vergessenes Spielzeug. Sie finden Ihr Poesiealbum aus der Grundschule, nie beendete Handarbeiten, einen Brief Ihrer ersten Freundin und ein Stickerheft mit Micky-Maus- und Cinderella-Klebebildern. Am Boden der Truhe ertasten Sie ein paar Münzen, die aus einem demolierten Sparschwein herausgefallen sind, ein Puzzle, dem ganz sicher ein paar Teile fehlen, und Ihren goldenen Haarreif, mit dem Sie sich immer wie eine Prinzessin fühlten.

Womit Sie auch immer in Ihrer Kindheit spielten, ob es eher Barbiepuppen oder Plüschbären waren, lieber ein Springseil statt einem Malkasten – Bücher finden sich ganz sicher. Kindergeschichten, die Sie erzählt bekamen oder von verkratzten Platten abspielten. Es waren Tiergeschichten, Internatsdramen, Freundinnenromane oder Ferienerlebnisse.

Und es gab die Geschichte von Pippi Langstrumpf, genauer Pippilotta Viktualia Rollgardina Pfefferminz Efraimstochter Langstrumpf. Vielleicht hatten Sie sogar die kleine Originalausgabe in drei Bänden: Blau-gelb der Einband – und innen die spannende Reise in die Kindheit.

Nehmen Sie mit uns das Buch heraus und pusten Sie den Staub von den Seiten. Es genügt, ein paar Kapitel aufzuschlagen und den Inhalt zu überfliegen – und schon fällt Ihnen wieder ein, wie unbändig, mutig und offenherzig Pippi war. Ein paar Polizisten hätten wir doch auch gerne durch die Luft gewirbelt, oder? Pippi ermöglichte Fantasien und Träume, die uns aus der manchmal engen Welt unserer Kindertage (ent)führten. In der Villa Kunterbunt gab es keine Verbote und nichts war unmöglich. Fehler waren erlaubt und 120-prozentige Genauigkeit das Langweiligste, was es gibt. Merkwürdig zu sein war spannend und noch kein K.-o.-Kriterium. Eigentlich waren wir damals, wenn wir ein wenig Pippi waren, selbstbewusster, als wir es heute sind. Wir scherten uns einen Kehricht um Schuhhöhen, Rocklängen und hippe Bars. Pippi war im besten Sinne egozentrisch. Sie machte, was sie wollte – und das hatte nicht nur mit ihrer finanziellen Unabhängigkeit durch ihre Truhe voll Gold zu tun.

Doch im Gegensatz zu ihr, die in ihrer Geschichte genau so weiterleben darf, wie sie einst erschaffen wurde, haben wir uns im Laufe der Jahre verändert. Eben noch waren wir das kleine, manchmal wilde Mädchen – und nun kämpfen wir uns als zuverlässige Liebhaberinnen und Arbeitsbienen durch unser Leben. Wir wollen gut sein, unsere Aufgaben erfüllen und an unserer Karriere und Familie basteln. Für Träume und nette Kindheitserinnerungen bleibt da nicht viel Zeit, denn unser schnelles Leben ist anstrengend und kostet eine Menge Kraft. Wir haben wenig Freiräume, um zu spielen oder etwas auszuprobieren – die Zeiträume, in denen wir etwas beweisen müssen, werden in den Unternehmen immer kürzer:

- Keine Zeit für Fehler.
- Kein Platz für Umwege.
- Keine Versuche.

Wir schauen nach Nutzwerten, teilen uns ein, verplanen unsere Tage und zwängen uns in straffe Businesskostüme, die uns weder stehen noch passen. Wir lassen uns vom Alltag ständig antreiben: hier in den Feinkostladen, dort ein wenig joggen, noch einmal ab ins Büro, weil noch ein Eilauftrag eingegangen ist, und abends sollen wir uns lustvoll auf einen Quickie freuen, während die Kinder das Sandmännchen im Fernseher verfolgen.

An guten Tagen glauben wir sogar daran, dass wir alles schaffen können – immer und zugleich. Wir nennen das dann Planung und Organisation. Nur die Lebendigkeit bleibt dabei manchmal auf der Strecke und die Träume leider auch. Wie schade. Und in schlechten Nächten fällt uns diese Lücke in unserem Leben auf. Wir wissen dann, dass wir etwas verändern, uns irgendwie neu erschaffen müssen und sehr oft greifen wir dann auch zu einem Buch. Lassen Sie es diesmal ein bestimmtes sein.

Herzlich willkommen in Ihrer Kindheit und in Ihrem jetzigen Leben! Es ist höchste Zeit für Pippilotta!

Wie Sie dieses Buch am besten lesen

So, wie es Ihnen am besten gefällt. Es gibt zwar eine Reihenfolge der Kapitel, aber Sie müssen sie nicht hintereinander lesen, sondern können sich die Themen raussuchen, die Ihnen am wichtigsten sind. Entscheidende Abschnitte, wie das Thema »Glaubenssätze«, kommen immer wieder vor. Es fehlt Ihnen kein Wissen, wenn Sie mit dem letzten Kapitel zuerst beginnen. Sinnvoll ist es jedoch, wenn Sie sich für die einzelnen Kapitel Zeit nehmen. Sie werden viele Fragen finden, Übungen und Sätze, die Sie dazu einladen nachzudenken.

Es wird hilfreich sein, wenn Sie die Übungen schriftlich machen und Ihre Gedanken in Worte fassen. Weil Ihre Gedanken kostbar sind und Sie zu Veränderungen animieren, also Weichen stellend sind, sollten Sie diesen Ideen und Überlegungen einen besonderen Rahmen geben: ein schönes Heft oder ein kleines hübsches Notizbuch. Sie machen damit auch Ihrem Unterbewusstsein deutlich, dass Sie sich wirklich die Zeit für sich nehmen möchten und interessiert an einem neuen Leben sind. Nicht neu in dem Sinn, dass Sie nun all das Gewesene vergessen, verdrängen, wegschieben, sondern im Sinne eines neuen Blickwinkels. Sie werden sich ansehen, wie Sie bislang bestimmte Situationen in Ihrem Leben angingen, und nach Alternativen Ausschau halten. Zumindest dann, wenn der frühere Angang Sie unglücklich oder unzufrieden machte oder Sie sich in einer Sackgasse des Verhaltens fühlen.

Wie auch immer diese Vergangenheit und Ihr Handeln war, Sie haben viel gelernt und sind nun bereit, sich noch weiterzuentwickeln. Als erste Übung, noch bevor das Buch überhaupt richtig begonnen hat, überlegen Sie sich jetzt bitte:

1. Wofür bin ich meinem Leben dankbar?
2. Welche Fähigkeiten durfte ich erlernen?
3. Worauf bin ich – bei mir – stolz?

Auf die Antworten dieser Fragen werden wir im Laufe des Buchs immer wieder zurückkommen. All das dürfen Sie behalten und in die Zukunft mitnehmen. Verhalten, das uns zufrieden und glücklich macht, ist fur uns passend. Wir haben es auf unsere Persönlichkeit und unsere Lebensziele abgestimmt und sind damit zufrieden. Mit Pippilotta bauen wir nun an diesem Sockel weiter. Sie werden das unterstützende Verhalten ausbauen, das Sie bereits gut in Ihr Leben integriert haben und mit weiteren Aspekten verschönern und garnieren. Wir werden mit Ihnen eine kleine neue Lebenswelt basteln, Ihre persönliche

Villa Kunterbunt. Am Schluss des Buches sitzen Sie dann auf Ihrer Veranda, lachen mit Gesicht und Augen und winken uns übermütig mit beiden Händen zu. Mehr und mehr werden Sie sich dann entschließen, all das loszulassen, was Ihren besonderen Übermut bremst. Es gibt bei Pippi Langstrumpf keine Farblosigkeit, keine Beigetöne!

Machen wir uns also gemeinsam auf den Weg!

1.

Mein wertvollster Schatz bin ich!

Wenn wir uns an Pippi erinnern, dann kommen uns sofort Bilder in den Sinn, in denen sie vergnügt mit sich selbst auf einem Baum oder auf ihrer Veranda sitzt. Sie singt sich ein Lied, unterhält sich selbst, macht ein paar Späße und ist vereint mit sich und der Welt. »Ich bin reich wie ein Zauberer«, pflegt sie Fremden zu erklären und meint damit nicht nur ihren Koffer voller Goldstücke.

Es gibt in diesen Szenen keine Eile und keinen hektischen Blick nach vorne. Pippi beherrscht die Kunst, in den Tag hinein zu leben: Niemand wird erwartet, und doch ist jedermann willkommen. Pippi ist sehr gerne mit ihren Freunden Thomas und Annika zusammen, aber sie ist auch wirklich gern mit sich allein. Wenn sie allein ist, dann backt sie Plätzchen, erinnert sich an ihre besonderen Erlebnisse auf den Seereisen oder probiert einen Tanz aus. Wie ein Wirbelwind fegt sie durch die Küche. Würde man Pippi fragen, ob es nicht sinnvoller wäre, etwas zu lernen, dann würde sie einem sicher antworten: »Wieso, ich weiß doch schon genug!«

Ein ganz selbstverständlicher und selbstbewusster Umgang mit den eigenen Fähigkeiten. Kleine Kinder können das noch. Sie zeigen voller Stolz eben gefertigte Basteleien und machen sich größer als sie sind. Diese kleinen Menschen haben in kürzester Zeit ganz viel gelernt und sie wissen das genau. Niemand kann ihnen diese Fähigkeiten mehr nehmen, denn sie sammeln und hüten ihren Schatz. Und sie können im Spiel versinken, ganz selbstvergessen sein.

In der Villa Kunterbunt finden sich nicht nur viele Räume, sondern auch eine Kommode. In dieser sind ganz viele außergewöhnliche Dinge aufbewahrt:

Pippi öffnete die Schubladen und zeigte Thomas und Annika die Schätze, die sie dort verwahrt hatte. Da waren seltsame Vogeleier und merkwürdige Schneckenhäuser und Steine, kleine hübsche Schachteln, schöne silberne Spiegel und Perlenketten und vieles andere, was Pippi und ihr Vater während ihrer Reisen um die Erde gekauft hatten.

Das alles türmt sich darin ohne sichtbare Ordnung – von außen betrachtet. Denn Pippi selbst weiß ganz genau, was in ihrer Kommode nur darauf wartet, entdeckt oder wieder belebt zu werden. Sie weiß um jeden Gegenstand und beschäftigt sich regelmäßig versunken mit ihnen. Thomas und Annika erhalten gleich zu Beginn der ersten Geschichte aus diesem Fundus jeder ein Geschenk, das ganz genau zu ihnen und ihren heimlichen Wünschen passt, ohne dass Pippi große Worte darüber verliert.

Thomas und Annika spüren diesen besonderen Wert – und der hat mit dem materiellen Wert nichts zu tun.

Eine Kommode voller Geheimnisse ... vielleicht haben auch Sie so ein gutes altes Stück. Vielleicht ist es auch nur eine Schachtel, in der Sie Garnrollen aus der Kindheit oder alte Fotos sammeln. Liebesbriefe aus der Pubertät. Adressen von Menschen, die Sie nicht mehr kennen. Ein paar alte Münzen und ein Ohrring, dem der zweite fehlt. Es gibt viel zu finden, ziehen wir die Schubladen von diesen alten Kommoden auf oder lüften wir die Deckel alter Truhen. Erinnern Sie sich daran, wie viel Spaß es macht, in diesen alten Bruchstücken eines Lebens zu stöbern.

Haben Sie sich schon einmal vorgestellt, dass auch Sie solch eine alte Kommode sind? Wir meinen nicht Ihr Äußeres, zielen nicht auf Ihren Lack, sondern wollen auf Ihre inneren Schubladen hinaus. Die Kisten und Kasten Ihrer Seele, dort, wo sich die Geschichten und Bilder stapeln und wo Sie irgendwann einmal ihre Ordnung herstellten und entschieden, was für Sie zum Aufheben geeignet ist und was nicht. Wenn Sie in diesen inneren Schätzen kramen, stellt sich vielleicht eine besondere Ruhe ein, möglicherweise ein Gefühl von Sicherheit und Akzeptanz.

Übung

Stellen Sie sich die Inhalte doch mal bildlich vor:

Garnrollen	Welche Fäden ziehen sich durch Ihr Leben? –
Buntstifte	Was macht Ihnen das Leben bunt? Ist es ein Hobby, ein Talent?
Fotos	Welche Menschen prägen und begleiten Sie?
CDs	Welche Musik gibt Ihnen gute Laune?
Bücher	Was lesen Sie immer wieder?
Trophäen	Für welche Erfolge können Sie sich applaudieren?

Wenn wir uns für die Schätze unseres Lebens öffnen, dann vermehren sie sich und wir stellen bald fest, wie reich wir sind. Geschichten, die uns erzählen, dass wir nicht nur viel erreicht haben, sondern selbst ein wahrer Schatz sind: Der Schatz unseres eigenen Lebens.

Wie findet man seinen inneren Schatz?

X **Beispiel:** Sonja, eine Frau Anfang dreißig, kommt ihren Kollegen sehr ungewöhnlich vor. In der Mittagspause geht sie mit ihnen nicht in die Kantine, sondern allein spazieren. Sie brauche viel frische Luft, hat Sonja allen Arbeitskollegen erklärt. Immer wieder einmal lädt sie Kolleginnen zu diesem Spaziergang ein, aber die meisten haben keine Lust. Also lässt sich Sonja nicht beirren und geht allein. Sie kommt meistens nach einer Stunde ausgeglichen und vergnügt zurück und geht voller Elan an die Arbeit. Eigentlich ist Sonja nett, aber irgendwie wirkt sie so, als hätte sie ein Geheimnis. Warum will sie nicht mit den anderen in der Kantine sitzen? Ist es wirklich die Luft, oder steckt etwas anderes dahinter? Nicht einmal beim Wettbewerb, wer die tollsten Pumps, Handtaschen, Designerschnäppchen oder interessanten Männer hat, ist Sonja dabei. Sie hält sich auch mit Prahlereien über ihren umfangreichen Freundeskreis zurück. »Irgendwie ist Sonja mit sich im Reinen«, beschreibt es eine Kollegin. »Sie braucht keine Unterhaltung und strahlt von innen heraus. Wenn jemand mit ihr spazieren geht, ist es gut. Wenn nicht auch. Sie will vom Leben nicht abgelenkt werden.«

Immer mal wieder trifft man auf Menschen, die andere nicht brauchen. Sie tragen in sich selbst ein großes Glück. Lieben die

Stille, manchmal die Zurückgezogenheit und sind hin und wieder selbstvergessen, wie Kinder.

Vielleicht denken Sie nun: »Menschen sind mir aber wichtig! Ich liebe den Trubel um mich herum. Also, das Kapitel kann ich überschlagen, ich möchte auf keinen Fall allein sein. Ich bin nicht der Typ dafür.«

Erinnern Sie sich zurück: Auch in Ihrem Leben gab und gibt es Momente, in denen Sie ganz still mit sich waren oder sind. Als Kind war das beim Spiel. Heute finden sich diese kostbaren Momente häufig in der Natur:

- unter einem Baum,
- an einem See,
- bei einem Spaziergang am Meer,
- unter dem Sternenhimmel.

Jeder von uns kennt diese wunderbaren Sekunden oder Minuten, in denen wir ganz satt mit uns sind. Wir schauen aufs Meer und fühlen Glück und Zufriedenheit. In diesem Augenblick brauchen wir keine Begleitung, sondern sind uns selbst vollkommen genug.

Brauchen oder beschenkt werden?

Wenn wir hier von brauchen sprechen, dann meinen wir damit ganz klar Abhängigkeit. Wenn Sie einen Menschen brauchen, damit Sie nicht allein sind, dann müssen Sie dafür sorgen, dass einer oder mehrere da sind. Das ist sehr anstrengend. Und wenn es schnell gehen soll, dann haben Sie nicht einmal Zeit für Qualität. Sie sind abhängig davon, dass ein Mensch Ihren Weg kreuzt, um ihn zu schnappen. Egal, ob er zu Ihnen passt, oder nicht – Hauptsache, Sie sind nicht allein.

Ganz anders ist die Situation, wenn wir gerne allein mit uns sind und sich dann ein Mensch hinzugesellt. Er fragt an, ob wir Lust auf eine Begleitung hätten, und wir können uns dafür entscheiden oder dagegen. In diesem Moment sind wir frei, denn wir haben die Wahl, zu entscheiden, ob uns diese Begleitung etwas bringt oder nur stört. Wir wissen, dass wir nicht unbedingt von außen unterhalten werden müssen, denn wir unterhalten uns auch sehr gut allein. Das macht uns unabhängig.

Es ist ungewohnt, wenn Menschen gern mit sich allein sind. Eigentlich sollten sie doch suchen! Nach einem Mann, einer Freundin, einer Gruppe. Allein in Urlaub fahren? Für viele ist diese Vorstellung erst einmal beängstigend. Aber warum eigentlich?

Wie unterhält man sich selbst?

Nun, manche Menschen sprechen laut mit sich.

Sicher ist das eine der vielen Möglichkeiten, aber die meinen wir hier nicht. Pippi kann sich so gut mit sich vergnügen, weil sie eigene Schätze hat. Das sind nicht nur die Dinge aus der Kommode, sondern all die Fähigkeiten und Geheimnisse, die ein Mensch im Laufe eines Lebens bewusst gestaltet und erwirbt. Talente, die uns die Zeit mit uns zum Vergnügen machen. Vorlieben und Versuche, mit denen wir unsere Zeit gestalten. Beschäftigungen, in die wir eintauchen und alles um uns herum vergessen. Nicht immer müssen wir darüber reden. Manche, wie Sonja, behalten ihre inneren Schätze ganz und gar für sich. Erst viel später findet man heraus, dass

- die stille Nachbarin große Wandbilder stickt,
- die Kollegin in einer Band spielt,

- die frühere Schulfreundin allein Berge erklimmt,
- die Vorgesetzte ihre Kindheitserlebnisse aufschreibt oder in ihrer Freizeit als Märchentante durch die Kindergärten zieht.

Übung

Auf welche Weise tauchten Sie als Kind in Ihre inneren Welten ein? Gab es Figuren, die in Ihnen lebten oder Sie umgaben? Eine bestimmte Musik, die Sie entführte? Malten Sie oder bauten Sie lieber mit Legosteinen? Haben Geschichten Sie gefesselt oder fädelten Sie stundenlang Perlen auf Fäden auf?

Versuchen Sie sich zu erinnern, und transportieren Sie diesen Schatz in Ihre Gegenwart. Das, was Sie damals beruhigte und glücklich stimmte, kann Ihnen auch heute zur Oase werden.

Beispiel: Henny, 26 Jahre, malte früher sehr gerne. Als Kind hörte sie dabei Märchen. Alte Kassetten, bei denen ständig ein Bandsalat drohte. Heute malt sie wieder, diesmal Aquarelle, dazu hört sie Hörbücher: Literatur und Krimis. »Ich tauche wie damals ein«, erzählt sie strahlend. »Die Farben machen mich ganz glücklich und die Geschichten entführen mich. Auf diese Weise mache ich beides: kreativ sein und Geschichten hören! Danach bin ich voller Energie.«

Stille Schätze bereichern uns die Tage. Es sind Vitaminbomben, die uns stärken, wenn uns der Stress mal wieder aufzehren will. Denn wenn Sie sich diese Schätze bewusst machen, wissen Sie: Es gibt einen Weg, ganz schnell zur Ruhe zu kommen.

Was wir alles können

Beim Bewusstmachen Ihrer inneren Schätze geht es aber nicht nur um die entspannenden Momente, sondern es gehört auch all das dazu, was Sie stark macht: Ihre Fähigkeiten, Ihr besonderes Können. Wenn wir unsere Schätze kennen, sind wir uns unserer selbst sicher. Nichts kann uns dann so schnell den Boden unter den Füßen wegziehen.

Also: Innere Schätze im Sinne von Fähigkeiten machen stark. Doch leider können nur die wenigsten Frauen ihre Fähigkeiten benennen. Fragt man sie, dann machen viele lange Listen, auf denen Schwachpunkte zu finden sind. Andere zählen Ausbildungen und Qualifikationen auf. Ausbildung und Qualifikation zählt aber nur, wenn sie diese als Baustein Ihrer Persönlichkeit sehen, wenn sie für Sie Ausdruck Ihrer Individualität sind, auf die Sie stolz sind. Kostbarer sind aber die Schätze, die in Ihrer Seele zu finden sind beziehungsweise die Sie in Ihrer Persönlichkeit ausmachen. Kleinste Bausteine, die Sie zu der Frau machen, die Sie sind – unverwechselbar und unvergleichbar.

Riskieren Sie einen Blick in Ihre Seelenkommode!

Vermutlich hat auch Ihre persönliche Schatzkommode eine ganze Reihe Schubladen. Einige lassen sich mühelos öffnen, andere klemmen vielleicht ein wenig. Die oberen in Augenhöhe sind möglicherweise gut sortiert, während weiter unten, dort wo man nicht so leicht hinkommt, auf den ersten Blick das reine Chaos herrscht. Fangen wir doch einfach einmal ganz oben an: Dort schaut es aufgeräumt aus. Hier lagern sie in Reih und Glied, Ihre beruflichen Qualifikationen, die Zeugnisse und Verträge und all die ach so objektiven Eckdaten, die Sie und

Ihre Person in der Gesellschaft verankern. Die Faktoren an der Oberfläche, die Ihr Leben ausmachen, sind also klar. Zufrieden werden Sie diese Lade im Geiste wieder zuschieben, sich Ihrer Schätze darin sicher, da sie allgemein anerkannt und bekannt sind.

Eine Lade weiter unten hapert es dann möglicherweise schon ein wenig mit der Ordnung: Zugegeben, ganz vorne liegen möglicherweise so kostbare Werte wie Fremdsprachenkenntnisse, Führerschein und eine Auszeichnung vom Unternehmen für besonderes Engagement. Vielleicht finden Sie auch noch innere Werte wie Kinderliebe oder einen grünen Daumen. Und dann ganz hinten, dort wo man nicht sofort alles erkennt, man vielleicht sogar ein wenig kramen muss, finden Sie plötzlich weitere Schätze, die Sie ganz vergessen hatten! Da hinten, ganz versteckt, liegt da nicht ein Schatz, der sich »Empathie« und »zuhören können« nennt? Stimmt, das war einmal eine Ihrer ganz besonderen Stärken. Wie oft haben Sie anderen Menschen allein durch Zuhören schon geholfen! Ach ja, ganz am Rand, da findet sich noch etwas. Sieht aus, als wäre es eine kleine alte Nähmaschine. Schon vergessen? Für die halbe Klasse haben Sie als Teenager Klamotten geschneidert, einzigartige Sachen. Damit hätten Sie schon damals richtig Geld verdienen können – aber für Sie zählte nur der Spaßfaktor, ein liebenswerter Zug. Spaß? Galten Sie nicht vielleicht als Stimmungskanone, da Sie aus jeder Situation das Beste herausholen konnten? Sie lächeln? Ein guter Zeitpunkt, um die nächste Schublade zu öffnen!

Die klemmt ein wenig, und Sie müssen ziemlich rütteln und ziehen, ehe sie sich öffnen lässt. Was mag darin Spannendes auf Entdeckung warten? Ein kurzer Blick genügt vermutlich und Sie wissen, welche Schätze hier ziemlich unsortiert und unübersichtlich lagern. Kein Wunder, dass sich die Schublade so schwer öffnen ließ! Denn vor Ihnen liegen nun in heillosem Durcheinander all die Ziele, die Sie sich irgendwann einmal gesteckt hatten. Alle nicht erreichten oder längst aufgegeben. Berühmt wollten Sie als kleines Mädchen werden? Na gut, das hat bislang noch nicht geklappt. Aber kein Grund sich daran jetzt nicht zu erinnern.

Sortieren Sie Ihre Kommodenschätze

Mit sich selbst zufrieden sein ist kein Zustand, der nur Pippi zusteht. Das darf jeder Mensch sein! Würde man Pippi fragen, was sie alles kann, könnte sie bestimmt eine lange Liste aufzählen. Dann kämen Seemannsgeheimnisse und Kraftakte auf den Tisch, und sie würde nicht aufhören wollen – ihre Augen würden strahlen. Pippi kennt ihren inneren Schatz genau. Niemand hat ihn ihr gezeigt, keine Eltern und keine Tanten, sie musste ihn allein finden.

Machen Sie es wie Pippi, denn auch Sie müssen Ihre Schätze allein bergen, weil niemand für Sie bestimmen kann, was Ihnen ein Schatz wird und was nicht. Es geht hier weniger um die materiellen Dinge, die ausschlaggebend sind, vielmehr um die besonderen inneren Fähigkeiten und Emotionen, die Sie persönlich zu der Frau machten, die Sie heute sind. Wenn Sie keine Lust auf Listen haben und auch nicht so genau wissen, wie die Fähigkeiten heißen, dann lassen Sie sich auf eine kleine Übung ein:

Übung

Wenn Sie sich selbst eine Rede schreiben würden, wie würde sie klingen? Wählen Sie sich einen wirklichen Feiertag, zum Beispiel einen runden Geburtstag, und schreiben Sie diese Rede so, als wären Sie sich selbst die beste Freundin. Wenn

Sie sich das fest vorstellen, dann müssen Ihnen all die positiven Wesenszüge einfallen, denn bei einer Rede wird nicht gekleckert, sondern geklotzt.

Charlottes Rede klingt zum Beispiel so:

Liebe Charlotte,

ich möchte dir zu deinem 30. Geburtstag eine Rede halten und dir sagen, wie gerne ich mit dir zusammen bin. Es macht mir großes Vergnügen mit dir zu leben! Anfänglich, als du klein warst und noch im Kindergarten, da warst du auf andere Kinder immer neidisch. Sie hatten schönere Kleider an oder tolleres Spielzeug als du. Dann, in der Grundschule, erkanntest du, dass du andere Werte hast. Du warst damals zum Beispiel schon viel mutiger als all die anderen Kinder. Wie eine Löwin hast du dich verhalten, wenn Schwächere bedroht wurden. Dass du keine Angst hast und solch eine Zivilcourage, das macht dich zu einem ganz besonderen Menschen. Und dass du zugeben kannst, wenn dich doch hin und wieder etwas ängstigt, macht diesen Schatz noch glanzvoller und größer. Auf den ersten Blick bekommt man auch gar nicht mit, wie witzig du erzählen kannst. Du brauchst ein wenig, bis du mit anderen warm wirst, aber dann legst du richtig los. Und die meisten Geschichten sind wirklich von dir erlebt, aber du kannst auch kleine Romane erfinden. Also ... das finde ich an dir richtig toll. Und das macht es auch so schön mit dir zu leben. Ich weiß, du bist sehr neugierig und deswegen wird es nie langweilig mit dir unter einem Dach. Ich bin gespannt, was dir demnächst noch so alles einfällt und verspreche dir: Ich mache mit!

Diese Reden machen einen Heidenspaß. Endlich können Sie einmal so richtig in Ihren Schubladen wühlen und sich selbst erzählen, was Sie alles können und wieso es mit Ihnen so schön ist auf dieser Welt! Sinn der Übung ist es, nicht wie üblich an sich herumzukritisieren, sondern das zu sammeln, was wir gut können und es uns bewusst zu machen. Nehmen Sie sich also Zeit und ein Blatt Papier, dann geht es auch schon los. Belobhudeln Sie sich selbst, ohne dabei zu fantasieren. Erinnern Sie sich an

- Situationen der Kindheit,
- Ängste, die Sie überstanden haben,
- Künste, die das Leben Ihnen schenkte,
- Einsichten, die Sie erworben haben oder über Bord warfen,
- soziale Projekte und Engagements,
- Freundschaften und familiäre Glücksmomente.

Wenn Sie Ihre Rede fertig haben, dann lesen Sie sich diese laut vor. Im Stehen und bitte wirklich feierlich. Charlotte trank nach ihrer Rede auf sich ein Glas Champagner. Wäre das nicht eine gute Idee?

Sie sehen, sich selbst für Verhaltensweisen und Fähigkeiten zu loben kann sehr unterhaltsam sein und hat mit Eitelkeit nichts zu tun. Die fürchten nämlich viele Frauen – die Eitelkeit. Sie wollen auf keinen Fall als Angeberinnen dastehen. Aber das tun Sie nicht. Sie stehen nur zu sich selbst. Zu Ihrem Wesen und Ihrem Können. Das, was Sie benennen, kann nun glänzen und noch besser werden. Männer haben übrigens mit dieser Übung in der Regel kein Problem, denn sie sind es gewöhnt ihre Vorzüge zu zeigen. Ein gutes Beispiel sind auch Politikerreden!

Unsere Schätze sammeln sich im Laufe unseres Lebens. Viele davon finden sich in der Kindheit. Aber sie zeigen sich nicht gleich. Am besten, Sie haben etwas Geduld und forschen nach ihnen.

Schlüssel zur Kindheit verloren?

Wenn wir erwachsen werden, geraten unsere positiven und negativen Erfahrungen der Kindheit zu einem großen Teil immer mehr in Vergessenheit. Das hat mit unserer Erziehung, Ausbildung und beruflichen Tätigkeit zu tun. Wir lernen, dass bestimmte Dinge mit dem Ende der Kindheit abgeschlossen sind, weil es sich so gehört, und konzentrieren uns auf Neues, Anderes, Erwachsenes. Der Traumprinz unserer heimlichen Prinzessinnentage ist ab einem gewissen Alter genauso wenig gesellschaftsfähig wie der kindliche Wunsch, ein Superstar zu werden. Irgendwo ganz tief in uns spüren die meisten von uns zwar ab und zu noch, was wir damals so kostbar fanden, aber für unser heutiges Leben haben diese alten Geschichten eigentlich keine Bedeutung mehr. Und so kann es passieren, dass wir irgendwann den Schlüssel zu unserer Kindheitsschublade verlegen oder ihn gar verlieren. Glücklicherweise gibt es jedoch für diesen Fall einen Schlüsseldienst! Nein, wir meinen keinen Sofortdienst, ein wenig Zeit müssen Sie schon investieren. Dafür kostet dieser Schlüsseldienst nichts – ganz gleich, um welche Tageszeit es sich augenblicklich handelt. Dieser Service ist ganz nah.

Es ist Ihre Familie! Wie? Darauf wären Sie nicht gekommen, weil Sie sich mit Ihren Eltern und Geschwistern permanent streiten? Aber sicher gibt es ein Familienmitglied, dem Sie sich nahe fühlen. Lassen Sie die problematischen Mitglieder Ihrer Familie einfach außen vor. Ihre Familie gehört zu den großen Wundern und Kostbarkeiten Ihres Lebens! Eltern, Großeltern und Geschwister sind eine sehr hilfreiche Informationsquelle, wenn es darum geht, die Schätze der Kindheit neu zu bergen. Auch alte Freunde zählen dazu! All diese Menschen können von Ihnen erzählen, erinnern sich an bestimmte Wesenszüge, typische Eigenheiten, Vorlieben und Qualitäten, die Sie möglicherweise schon längst vergessen haben. Es ist also ganz einfach. Der Schlüsseldienst heißt: Stellen Sie Fragen!

- Erkundigen Sie sich bei Ihren Eltern nach frühen Lieblingsspielen, charakterlichen Stärken und Vorlieben. Haben Sie gern draußen getobt und Baumhäuser gebaut? Ganze Tage mit Abenteuer-Spielen verbracht und als Räuber-Lilly Ihre Clique angeführt?
- Fragen Sie Ihre Großeltern, was Sie besonders gern gemacht haben, wenn Ihre Eltern nicht in der Nähe waren. Was wurde Ihnen eigentlich verboten, hat aber schon immer einen immensen Reiz auf Sie ausgeübt?
- Besuchen Sie Ihre Geschwister, und fragen Sie nach, was sie damals typisch an Ihnen fanden. Weswegen haben sie mit Ihnen gestritten – und wann war es besonders harmonisch? Gibt es etwas, was Ihre Geschwister heute an Ihnen vermissen oder gern noch einmal erleben würden?
- Vielleicht kennen Sie sogar noch eine Ihrer LehrerInnen und können nachfragen, wo in der Schulzeit Ihre ganz persönlichen Stärken und Eigenheiten lagen.
- Organisieren Sie ein Klassentreffen – Sie werden staunen, wie spannend es ist, die Bilder, die sich damals Ihre Mitschüler

von Ihnen machten, neu zu entdecken. Galten Sie vielleicht als besonders selbstbewusst oder engagiert?

- Blättern Sie in Ihren alten Tagebüchern, oder lesen Sie Schulaufsätze. Auch hier finden sich viele Hinweise, ist man den eigenen Fähigkeiten auf der Spur! Besonders Mädchen brennen darauf, ihre Gedanken niederzuschreiben. Ein Aufsatz von früher, der vom späteren Berufswunsch erzählt, kann Ihnen als Information sehr wichtig sein.
- Versuchen Sie, wenn möglich, tatsächlich auf dem alten Speicher oder im Keller Ihrer Eltern oder Lieblingsfamilienmitglieder Dinge oder Andenken aufzuspüren, die für Sie einmal einen besonderen Wert hatten. Ganz sicher fällt Ihnen bei den meisten der Fundstücke ganz schnell wieder ein, wie wertvoll dieser Schatz einst für Sie war und welche Symbolkraft in ihm steckt.

Jedes Wort, das Sie hören, jeder Gedanke, der Ihnen kommt, ist ein Tropfen Öl für das Schloss Ihrer Seelenkommode. Je intensiver Sie alle Ihre Sinne nutzen, desto schneller springen die Schubladen des inneren Möbelstückes auf!

Werden, was wir sind

Jede Erinnerung, jedes in Vergessenheit geratene Detail Ihres Lebens ist wie ein bunt schillernder Edelstein, ein kleiner Schatz, mit dem Sie nun Ihre Seelenkommode bewusst füllen oder bereichern. Schublade für Schublade gestaltet sich diese Kommode neu. Doch bevor Sie Ihre Schätze schnell verstauen, sollten Sie jeden einzelnen genau betrachten, damit er nicht mehr so schnell wieder in Vergessenheit gerät!

Galten Sie früher in der Familie und bei Freunden als besonders abenteuerlustig und risikobereit, wäre es doch interessant zu hinterfragen, warum Sie heute ausgerechnet diese Qualitäten nicht mehr leben. Irgendwas ging auf dem Weg verloren. Nur wann? Und wo?

Als Kinder konnten wir uns frei entfalten. Wir durften in Träumen spinnen und uns Fantasiefiguren ausdenken. Es war erlaubt! Dann kamen wir in die Schule. Mit jedem Schul- und Arbeitstag wurde unsere Fantasie ein wenig farbloser und unter Neonlicht gelegt. Wir dachten, es muss so sein, wenn man erwachsen werden will.

Die wahre Kraft liegt aber in Ihrem kindlichen Gemüt ... gepaart mit einem schlauen, wachen Geist. Alles was wir denken können, ist auch möglich. Die meisten Begrenzungen geben wir uns selbst. Vermeintlich allgemeingültige Annahmen, wie man als erwachsener Mensch zu sein und zu denken hat, bestärken uns darin. Die Wurzeln von Talent und kreativer Kraft, Organisationsfähigkeit und sozialer Kompetenz finden Sie aber in Ihren ersten Lebensjahren. Dort, im Alter von vielleicht nicht einmal drei Jahren, haben Sie die Pfade angelegt, die in Ihr heutiges Leben führen. Sie haben damals dic Zutaten bestimmt, wie sich für Sie Erfolg anfühlt und was echte Freundschaft für Sie bedeutet. Liebe, Geborgenheit und Glück wurden bereits damals als Muster in Ihre Seele integriert. Betrachten Sie alte Kinderfotos und vergleichen Sie Ihr Kindergesicht mit dem Frauengesicht von heute. Erkennen Sie die Fülle Ihrer Möglichkeiten!

Übung

Versuchen Sie sich zu erinnern, wann Sie das erste Mal in Ihrem Leben Erfolg verspürten. Diese Kombination aus Stolz und dem Gefühl, ein ganz besonderer Mensch zu sein. Wenn Sie innere Bilder gefunden haben, dann gehen Sie noch weiter in der Erinnerung zurück. Forschen Sie immer weiter, und lassen Sie die Bilder Ihre Geschichten erzählen. Mit Erfolg meinen wir ein Glücksgefühl und das Erkennen des eigenen Potenzials und Reichtums. Manche Menschen hatten dieses Gefühl bei ersten Bastelarbeiten, manche, als sie nicht mehr krabbelten, sondern gingen, und wieder andere fühlten dieses Glück bei ersten sportlichen Aktivitäten.

Wenn Sie Ihre Erfolgsbilder haben, dann schauen Sie sich diese in Ruhe an. Worin ähneln sich diese frühen Erlebnisse und Ihre heutigen Erfolgsgefühle? Was ist gleich? Wie bastelten Sie sich damals, wie heute Ihren Erfolg? Welche Zutaten sind dafür notwendig? Bei den meisten Menschen »strickt« sich Selbstzufriedenheit und Erfolg oft immer nach dem gleichen Muster. Wenn Sie Ihres kennen, können Sie sich Wohlgefühle aktiv verschaffen oder das Muster verändern.

Beispiel: Maren, heute 32 Jahre, erlebte ihr erstes Erfolgserlebnis im Alter von vier Jahren. Sie büchste von zu Hause aus und spazierte allein durch die Stadt. Ganz schön gefährlich, aber Maren hatte keine Angst. »Ich spüre heute noch wie stolz ich war, allein durch die Straßen zu gehen. Es war ein großes Gefühl. Ich war groß. In den Schaufenstern gab es eine Menge zu sehen, in den Hinterhöfen so viel zu entdecken!«

Dann wurde Maren von ihren aufgelösten Eltern gefunden und an der Hand nach Hause gebracht. So ein Schreck aber auch! Was hätte nicht alles passieren können! Doch viel interessanter ist, wie lebt dieses Erlebnis heute noch in Maren weiter? »Ich fahre sehr gerne allein in fremde Städte. Dann schlendere ich durch die Straßen und erkunde diese Stadt für mich. Das kann eine Stadt in der Nähe sein oder eine Metropole. Ich fühle im Gehen eine Sicherheit und ein Glück mit mir, von dem ich noch lange danach zehre.«

Der Schatz in uns ist leicht zu finden, wenn wir die Aufmerksamkeit auf die Suche lenken. Machen Sie sich auf die Suche, Sie werden etwas finden, das eine feste Säule Ihres Lebens werden kann. Unser ganz ureigener Schatz schützt, nährt und stützt uns. Er begleitet uns durch unser Leben, und wir können auf ihn bauen.

Solche Erfahrungen, negative und positive, lagern irgendwo in Ihrer Seelenkommode und gehören zu Ihnen. Sie können tief und weit vergraben sein, immer bleiben sie ein Teil des Lebens. Was liegt also näher, all jene Dinge noch einmal ganz bewusst zu betrachten, um den persönlichen Wert, die Bedeutung für das eigene Leben vielleicht noch einmal neu zu bestimmen? Wir legen so viel Wert auf Äußerlichkeiten – kaufen uns neue, anders geschnittene Kleider, größere Autos, schrauben berufliche Erwartungen höher oder zurück, machen Kompromisse bei Freundschaften und Partnerschaften – nur wenn es um uns selbst, um unseren eigenen Wert, unseren Selbst-Wert geht, sind wir oft ein wenig unaufmerksam. Dadurch verlieren wir Energie, verschenken Potenzial und Attraktivität! Und wir werden irgendwie kleiner, mittelmäßiger, man merkt uns an: Wir sind auf der Suche nach dem Glück, ohne zu ahnen, dass es in uns selbst verborgen ist.

Räumen Sie in Ihrer Seelenkommode auf!

Ein Großreinemachen der Seelenkommode kann eine ganze Menge bringen. Nicht alle Erfahrungen wollen wir behalten. Wie geht man am besten vor? Die einfachste und effektivste Methode ist alles auszukippen und dann wieder neu zu ordnen!

Neu ist jetzt, dass Sie die Anordnung bestimmen. Ihre Wünsche, Bedürfnisse und Möglichkeiten gehen vor! Niemand außer Ihnen hat bei dieser Anordnung das Sagen. Die einzige Voraussetzung: Sie müssen tatsächlich alle Schubladen geöffnet haben, damit Sie einen vollständigen Überblick über Ihre momentane Lebenssituation, Ihre Chancen und Ideen haben.

So könnten Ihre Schubladen neu beschriftet werden, müssen sie aber nicht. Finden Sie Ihre besten Überschriften heraus. Welche Sätze passen zu Ihrem Leben und gefallen Ihnen am besten?

- Das bin ich, das kann ich und das mache ich gern!
- Das würde ich auch gern tun – und werde es bald schaffen, weil es mir so am Herzen liegt.
- Meine frühesten Glücksgefühle und Erfolge.
- Freundschaften, die ich machte.
- Familiengeschichten.
- Meine Ziele.

Wow, bin ich reich!

Wenn Sie Ihre Kommode durchforstet, aufgeräumt und neu geordnet haben, sind Sie schon einen entscheidenden Schritt weiter, um bald feststellen zu können: »Mein wertvollster Schatz bin ich!« Denn auf diesem Weg konnten Sie sich einmal ganz ausführlich und ehrlich mit den Dingen beschäftigen, die Ihr Leben einst geprägt haben und heute ausmachen. Und mit ziemlicher Sicherheit werden Sie festgestellt haben, dass Sie ganz schön reich sind. Vielleicht sogar reicher als erwartet. Ganz sicher aber mit einem ausgeprägteren Bewusstsein für Ihren Schatz! Bestimmt sind Ihnen erste Ideen gekommen, wie Sie die verlorenen oder als verloren geglaubten Schätze in Ihrem Leben neu integrieren können. Sie wissen nun, dass Sie sich auf sich verlassen und auf sich bauen können. Viel Kraft liegt in Ihnen selbst, viele Fähigkeiten bringen Sie mit, auch wenn diese im Augenblick noch verschüttet sind. Andere Menschen können Sie darin unterstützen, werden aber nicht gebraucht.

Genau das weiß Sonja aus unserem Anfangsbeispiel. Sie tankt in ihren Mittagspausen auf und geht in Kontakt mit sich selbst. Das kann sie am besten im Park, denn dort findet sie ein Stück Natur. Sonja liebt Rosen. Allein der Duft macht ihre Seele weich. Und sie schreibt Gedichte. Das ist der Grund, warum sie regelmäßig verschwindet. Ihre Rosengedichte wird sie irgendwann einmal an einen Verlag schicken, viele Mittagspausen später. Ihre Freundinnen haben ihr dazu geraten, und Sonja weiß, sie möchte diese Chance eines Tages nutzen. Bis dahin sind ihr diese Schreibstunden zwischen den Rosen Luxus pur und großer Genuss.

Ja, ich bin reich – und nun?

Trotz vieler Aufräumaktionen finden sich in den meisten Kommoden immer mal wieder dunkle, unsortierte Ecken. Erinnerungen, die unschön sind und uns belasten, Ziele, die sich überholt haben, Kontakte, die doch nicht »sooo« unterstützend waren. Nun ist die Zeit gekommen, diese Dinge freizugeben und nicht wieder in die Schubladen zu packen. Schicken Sie diese Erinnerungen wie Vögel in den Himmel. Es geht nichts verloren, sie finden im Universum ihren Platz.

Betrachten Sie nun Ihre Ordnung immer wieder einmal neu, erfreuen Sie sich an den Schätzen, und vergegenwärtigen Sie sich dadurch, was Sie alles können. Wenn Sie Lust haben, schreiben Sie sich dann auch wieder eine neue Rede oder überarbeiten Sie die alte.

Wir verändern uns ständig, und je bewusster sich dies vollzieht, umso besser können wir die Weichen stellen oder profitieren. Alles was im Nebel unserer Entwicklung liegt, entzieht sich unserer Gestaltung. Je nebliger es ist, desto weniger gern sind Menschen mit sich allein. Etwas in Ihnen sagt, dass Nachdenken gefährlich werden könnte! Je häufiger Sie aber über sich nachdenken, desto stärker und nachhaltiger stellt sich der Genuss dabei ein. So bin ich also, werden Sie interessiert bemerken und sich freuen, weil daraus vielleicht wieder neue Ziele entstehen.

Gemeinsam Aufräumen macht mehr Spaß

Zugegeben, es erfordert ein wenig Mut und Überwindung, andere in die eigene Seelenkommode hineinblicken zu lassen. Dennoch: Gemeinsam macht Aufräumen einfach mehr Spaß.

Vielleicht haben Sie sehr gute Freundinnen, Frauen, die Sie schon lange kennen und die gerne mal gemeinsam mit Ihnen putzen würden?

Gute Freundinnen

- sind kritisch, aber dabei liebevoll,
- wissen oft mehr über Ihr Innenleben, als Sie denken,
- haben Rat, wenn Sie nicht weiter wissen,
- bringen mit ihrer Sicht der Dinge oft neue, interessante Blickwinkel in ein Thema,
- motivieren, wenn Sie glauben, nicht mehr weiterzukönnen,
- bremsen, wenn Sie zu schnell unterwegs sind,
- sind an Ihrer Seite, wenn Sie Halt und Hilfe brauchen,
- und helfen Ihnen dabei, den Wert Ihrer Schätze zu erkennen und zu nutzen.

Sie können auch Ihren Freundinnen eine halbwegs aufgeräumte Kommode präsentieren, indem Sie ein wenig vorsortieren. Allerdings: Richtige Unordnung macht beim gemeinsamen Aufräumen größeren Spaß!

Nicht vergessen – die Belohnung!

Erinnern Sie sich, was Pippi macht, nachdem sie ihre Kommode mit den vielen Schubladen für ihre Freunde geöffnet und bereitwillig Geschenke daraus gemacht hat? Richtig, sie belohnt sich selbst.

»Am besten, ihr geht jetzt nach Hause«, sagte Pippi, »damit ihr morgen wiederkommen könnt. Denn wenn ihr nicht nach Hause geht, könnt ihr ja nicht wiederkommen. Und das wäre schade.« Das fan-

den Thomas und Annika auch. Und so gingen sie nach Hause, am Pferd vorbei, das den ganzen Hafer aufgefressen hatte, und durch die Gartentür der Villa Kunterbunt. Herr Nilsson schwenkte den Hut, als sie gingen.

Ihre Freunde wieder neu zu sehen, ist für Pippi ein ganz großes Geschenk. Dann war sie mal mit sich allein und kann sich ganz dem Menschen widmen. Auch Pippilotta würde sich ganz sicher belohnen, nachdem sie ihre Kommode neu geordnet hätte. Vermutlich würde sie sich etwas richtig Gutes tun, wie zum Beispiel gut essen gehen, einen Videoabend mit Liebesfilmen am Stück einlegen, ein Wellness-Wochenende buchen oder sich etwas kaufen, das sie schon lange im Auge hatte.

Und genau das sollten Sie auch tun! Denn spätestens dann, wenn Sie selbstbewusst und voller Selbstwert feststellen, dass Sie selbst Ihr wertvollster Schatz sind, ist eine dicke Belohnung fällig!

»Tja, dann wollen wir mal anfangen«, sagte Pippi. »Vor allen Dingen möchte ich mir ein Klavier kaufen.«

»Ja, aber Pippi«, sagte Thomas. »Du kannst doch gar nicht Klavier spielen!«

»Wie soll ich das wissen, wenn ich es noch nie versucht hab?«, fragte Pippi. »Ich hab niemals ein Klavier gehabt, auf dem ich es probieren konnte ...«

Manche Tastenanschläge klingen anfänglich falsch. Aber wenn Sie nicht zu spielen beginnen, werden Sie nie erfahren, welchen Klang das Lied Ihres Lebens hat.

2.

Ich weiß, was ich will – und ich werde es mir holen!

Ach, könnten wir uns mit Pippilotta doch nur zu einem samstäglichen Einkaufsbummel verabreden! So richtig schön an einem sonnigen Samstagvormittag im Mai oder im Advent, wenn die ganze Stadt voll bunter Lichter strahlt. Wir würden durch die Fußgängerzonen spazieren, und die Shoppingtour wäre sicherlich weder zögerlich, noch ginge es die ganze Zeit um Geld.

Kein: Geht das noch?
Kein: Kann ich mir das leisten?
Kein: Ist das nicht zu teuer für mich?
Und schon gar nicht: Steht mir das zu?

Beispielhaft für Pippis ausgesprochen großzügige Lebenseinstellung ist ihr Besuch im Süßigkeitenladen.

Schon als sie auf den Laden zusteuert, weiß sie, was sie will: Bonbons, und zwar jede Menge.

»Ich möchte achtzehn Kilo Bonbons haben«, sagte Pippi und winkte mit einem Goldstück.

Die Verkäuferin sperrte den Mund auf. Sie war es nicht gewohnt, dass jemand so viele Bonbons auf einmal kaufte.

»Du meinst wohl, dass du achtzehn Bonbons haben möchtest?«

»Ich meine, dass ich achtzehn Kilo Bonbons haben möchte«, sagte Pippi. Sie legte das Goldstück auf den Ladenstisch.

Und Sie erinnern sich sicher auch daran, denn das ist eine der schönsten Stellen dieser Geschichte, wie sie von allen Sorten, die ihr und ihren Freunden gefallen, einfach nimmt, ohne sich vom entgeisterten Gesicht der Verkäuferin aus der Ruhe bringen zu lassen. Die gelben Zitronenbonbons und die mit Schokolade und ein paar Himbeerbonbons müssen auch noch dazu.

Pippi packt ein, greift zu, muss nicht lange nachdenken, entscheiden, sich bescheiden. Sie will Bonbons, das steht fest, und zwar so viele, dass sie noch leicht ein paar abgeben kann. Pippi teilt gerne. Was ihr Einkaufsverhalten angeht, so ist Pippi in herrlichem Einklang mit sich selbst. Sie geht ihren Wünschen und Neigungen nach, kasteit sich nicht, und innere wie äußere Beschränkungen werden von ihr ignoriert. Sie lebt den Überfluss – und wenn es ihr überhaupt an etwas mangelt, dann an dieser inneren moralischen Instanz, die vielen Menschen nur zu häufig den Tag vermiest, indem sie vorschreibt, wie viele Stückchen der Schokolade einem zustehen und wie viel Euro im samstäglichen Bummel-Jackpot als Spielgeld drin sind. Dabei spielt es keine Rolle, wie hoch Ihr persönliches Budget tatsächlich ist. Vielleicht denken Sie jetzt: »Ja, wenn ich eine Truhe voller Goldstücke hätte, dann könnte ich auch großzügiger sein!« Aber viel wichtiger ist doch, dass Sie sich das, was Sie sich leisten können, gern leisten!

Der innere Bedenkenträger

Das Thema »sich selbst etwas gönnen« kann man natürlich auch auf andere Bereiche übertragen. Die inneren Stimmen, die uns zurückhalten, sind wie Bedenkenträger. Aber genauso, wie Pippi sich immer über Annikas mahnende Stimme hinwegsetzt, können Sie lernen, sich über Ihre inneren Stimmen hinwegzusetzen. Vor allem, wenn Sie diese in Ihrer Entfaltung bremsen.

Pippi weiß, was sie will. Sie denkt nicht lange im Kreis, sucht keine Argumente dafür und überlegt sich keine dagegen, sondern holt sich einfach, was sie möchte. Beim Zirkus nur zusehen? Auf gar keinen Fall, sie will mitmachen! Wenn sie schon Eintritt bezahlt, dann zieht sie jede Unterhaltung für sich heraus. Abhaltende und hemmende innere Stimmen und Instanzen kennt Pippi Langstrumpf nicht. Sie ist von alten Erfahrungen unbeeindruckt und deswegen geradeheraus. Auch wenn sie mal gescheitert ist, versucht sie es noch mal.

Sie ist das stärkste Mädchen der Welt! Was das angeht, hat sie natürlich Glück. Aber: Wir können uns von dieser Torte auch ein Stück nehmen. Pippi hat keine Bremse im Kopf und spricht sich selbst gut zu. Sie hält sich nicht zurück, sondern macht sich eher noch stärker, als sie ist. Wir finden diesen schönen Umgang, den sie mit sich selbst pflegt, an vielen Stellen in der Erzählung:

- Pippi gibt ihrer eigenen Vergnügungssucht gerne nach.
- Sie erfüllt sich freudig Wünsche.
- Wenn sie Ruhe braucht, dann holt sie sich diese.
- Möchte sie Abwechslung, dann sucht sie nach Abenteuern.
- Glück ist für sie teilbar.
- Impulsen, die sie in sich spürt, geht sie nach.

Wenn Pippi ein Abenteuer erleben möchte, bricht sie einfach auf. Sucht sie Nähe, geht sie zu Freunden, möchte sie allein sein, zieht sie sich zurück. Hat sie Lust auf ein Fest, dann wird eben gefeiert – und wenn sie aufregende Dinge finden möchte, dann findet sie. So einfach geht das.
Auch Pippi könnte sich das Leben schwer machen, indem sie einen Ausflugstag so beginnt, dass sie sich streng überlegt, was sie vor dem Start noch alles zu erledigen hat. Sicher kennen Sie diese Gedanken. Ja klar, ich fahre heute Nachmittag weg, aber vorher muss ich noch:

- aufräumen, abspülen, einkaufen,
- ein Konzept fertig schreiben,
- die Wäsche von letzter Woche bügeln ...

Es gibt tausend Gründe, die uns eine Idee vermiesen können, noch bevor wir die Idee richtig zu Ende geschmiedet haben. Immer gibt es mehr Argumente, die uns abhalten, die uns etwas nicht gönnen, uns vormachen, dass etwas »jetzt« noch nicht geht, als Gründe, die motivieren, ermutigen und lustvolle Spannung vermitteln. Wir zögern, sind unsicher, wissen nicht mehr, ob wir hinter einer Entscheidung auch wirklich stehen. Innere Stimmen reden auf uns ein und sprechen Verbote aus. Wir sind streng mit uns und fordern eine Menge, aber halten uns dadurch auch von vielen Dingen ab. Dabei haben gerade Gedanken, die uns zu etwas auffordern und ermutigen, eine

Energie, die uns in Aktion bringt. Mit der folgenden Übung können Sie diese negativen Gedanken langsam verändern und damit entmachten.

Übung

Wir alle haben innere Stimmen, Instanzen, die ständig mit uns sprechen. Es sind Stimmen aus der Vergangenheit, Erwartungen, die andere an uns stellen oder die wir selbst für uns formuliert haben. Glaubenssätze, Überzeugungen und Meinungen von uns, die nicht unterstützend wirken. Viel zu oft sind diese Stimmen moralisch, einengend oder sie halten uns zurück. Wir hören in unserem Inneren:

- Das geht nicht,
- ich darf nicht,
- ich kann das nicht,
- besser versuche ich das erst gar nicht,
- lieber schön im Hintergrund bleiben,
- das erreiche ich nie.

Wenn Sie etwas in Ihrem Leben verändern möchten und die Idee eines freieren und unbeschwerteren Lebens haben, ist es wichtig, dass Sie diese Stimmen erkennen. Wir können nur das verändern, was uns bewusst ist. Wenn eine Stimme oder Botschaft in Ihnen auftaucht, die Sie zurückhalten will, dann werden Sie ab sofort nachfragen: »Wieso kann ich das nicht?« – »Warum soll ich mich nicht melden?« Je penetranter Sie nachfragen, desto dünner werden die Antworten werden. Stimmen, die auf alten Erfahrungen und überflüssigen Verboten beruhen, brechen mehr und mehr in sich zusammen. Die nörgelnden Stimmen in uns mögen

Nachfragen nicht, denn sehr häufig mangelt es ihren »Ausrufsätzen« an Substanz. Fragen decken diese Schwachstelle auf und geben Ihnen Ihre Kompetenz zurück.

In unserem alltäglichen Einerlei würden wir gar nicht merken, wie wir uns verstricken und von unserer Glückssuche abhalten, gäbe es da nicht auch Bücher, Filme, Menschen, die ihr Leben ganz anders begreifen oder die sich von Impulsen treiben lassen.

Gut möglich, dass Ihnen jetzt schon eine Kollegin oder Freundin einfällt oder Sie einfach das Bild einer starken Persönlichkeit vor Augen haben, einer Frau, die sich dem Leben offen und fröhlich stellt, die die Chancen nutzt, die sich ihr bieten ohne auf die Skeptiker und Bedenkenträger in ihrer Umgebung zu hören. Gar nicht so leicht, dieses Bild auszuhalten, oder? Einerseits möchten wir genauso sein, andererseits empfinden viele Frauen auch ein wenig Neid oder Ärger, denken sie an positive Menschen dieser Art. Diesen Pippilottas scheint irgendwie alles zu gelingen und zu glücken. Wie machen die das bloß? Wurde ihnen das Pippilotta-Glück einfach in die Wiege gelegt?

Manchmal ist es so, dass diese Menschen von Natur aus einfach zuversichtlicher sind. Auch wir können Schritt für Schritt mehr an uns glauben. Wenn Sie spüren, dass Sie der mühelose Erfolg eines anderen Menschen »zwickt«, dann sehen Sie darin einen Impuls, dass Sie sich auch diese Leichtigkeit wünschen. Beobachten Sie, was dieser Mensch tut, dass ihm oder ihr das Glück so »zufällt«, und entscheiden Sie sich dafür, alles zu tun und zu denken, dass auch Sie Ihre Ziele immer schneller und leichter erreichen. Was für eine Einstellung, was für ein Denken steckt dahinter, wenn andere einfach unbesorgt Dinge angehen?

Beispiel: Claudia, eine 31-jährige Schmuckdesignerin, ist zum Beispiel eine aus dem Pippilotta-Club. Sie kommt aus einfachen Verhältnissen. Ihre Eltern haben eine kleine Friedhofsgärtnerei, die sie selbstverständlich an ihre Tochter weitergeben möchten. Die Gärtnerei läuft gut, und Claudia hatte von Kindheit an einen grünen Daumen. Alles könnte in schönster Ordnung sein, doch Claudia spielt nicht mit: Noch während ihrer Realschulzeit beginnt sie sich für Design, Kunst und Schmuck zu interessieren. Buchsbaum und Fliederhecken gehen an ihr vorbei, sie will mit Gold und Silber wirken, kreativ sein und gestalten. Dafür muss sie in eine größere Stadt. Claudia setzt eine Au-Pair-Stelle in Paris bei ihren Eltern durch – und verbringt ihre Freizeit damit, die verrücktesten und nobelsten Schmuckgeschäfte aufzusuchen. Sie will sehen, wissen, lernen. Das Schicksal ist ihr wohlgesinnt, und bei einem ihrer Streifzüge lernt Claudia einen jungen Designer kennen, der ihr erlaubt, in seiner Werkstatt mitzuhelfen. Schnell stellt sich heraus, dass Claudia tatsächlich Talent besitzt. Der junge Designer hat dafür einen Blick – und auch Claudia hat sich richtig eingeschätzt. Nach drei Jahren hat Claudia die französische Gesellenprüfung in der Tasche. Sie wird niemals als Gärtnerin arbeiten, so viel ist jetzt allen klar. Auch die letzten Wenn und Aber klärt sie mit ihren Eltern ab. Claudia nimmt und formt sich das Leben, das sie will. Ein Leben mit Schmuck, einem Atelier und einem Partner, der Claudia bei ihren Zielen unterstützt.

Schöne Lebensgeschichte, oder? Und sie ließe sich noch weiterführen, denn Claudia erreicht nach wie vor fast alles im Leben, was sie erreichen möchte. Das Verblüffende dabei: Die meisten Menschen freuen sich mit ihr! Claudia ist kein Mensch, den andere fürchten. Sie ist weder schroff noch egoistisch. Liebenswert und ehrlich geht sie ihren inneren Träumen nach und versteckt ihre Ziele nicht hinter einer Fassade aus falscher Bescheidenheit. Sie weiß, dass das Leben mit denen ist, die es anpacken. Aber damit dies gelingt, muss man es erst einmal zu fassen kriegen – und dafür müssen wir die Finger öffnen.

Die Finger zu öffnen, um etwas zu packen, ist jedoch manchmal gar nicht so leicht. Es gibt Hemmungen oder Gedanken, die uns davon abhalten. Normen, die uns von Kindheit an verfolgen und uns vorgaukeln, dass etwas »so« oder »so« wird oder zu sein hat. Die vorher erwähnten Glaubenssätze können unsere Entfaltung blockieren. Sie mögen Energie freisetzen, sind aber auch die häufigsten Blockaden in unserem Leben. Glaubenssätze können nämlich positiv oder negativ sein. Sind sie letzteres, dann machen sie uns etwas madig, indem sie uns zum Beispiel weismachen wollen, dass Erfolg eigentlich nur Ärger bringt. Menschen wie Claudia, könnte man so zum Beispiel denken, hätten es vielleicht schwer, gute Freunde zu finden, weil sie so ehrgeizig und vielleicht auch zu egoistisch sind. Oder dass bei Claudia »das dicke Ende garantiert noch folgt«, denn »Vögel, die morgens singen, frisst abends die Katz«. Oder ganz schlicht: Claudia muss sicherlich auch noch eine schwierige Hürde in ihrem Leben meistern, denn: »Unter jedem Dach ein Ach!«

Sie sehen, der Volksmund ist voll »guter und aufbauender« Sprüche. Wie schön zu wissen, dass sich manche Menschen, wie Claudia, nicht davon beeindrucken lassen.

Innere Verbote und negative Glaubenssätze halten uns von unseren Träumen ab. Je eher wir diese Sätze erkennen, desto schneller können wir sie umwandeln. Innere Ermutigungen und positive Glaubenssätze führen uns zu einem zufriedeneren Leben!

Claudias Beispiel zeigt, dass es nicht stimmt, wenn wir uns sagen: »Erfolgreiche Frauen sind einsam!«, nur um unsere Pläne nicht zu verwirklichen. Das ist ein Glaubenssatz, der durch Nachfragen in sich zusammenbricht. Dafür gibt es zu viele Gegenbeweise. Die Wirklichkeit zeigt, dass Claudia, Pippi und viele andere erfolgreiche Menschen sehr geschätzt werden. Wir bringen diesen Menschen immer dann Zuneigung entgegen, wenn wir merken, dass es eine Vision gibt, inneren Einklang und das, was man in der Religion auch als Nächstenliebe bezeichnet. Schauen wir uns Pippi und Claudia genauer an. Wo finden sich bei beiden Überschneidungen, was Ziele und Handlungsfähigkeit angeht? Bei der einen im Kinderroman, bei der anderen im wirklichen Leben.

- Pippi und Claudia wissen wirklich und ganz genau, wo ihre Fähigkeiten sind und was sie vom Leben wollen.
- Beide gehen von einer lebenslangen Entwicklung aus. Sie sind nie »fertig«, weder auf geistiger noch auf emotionaler Ebene.
- Sie sind an den Meinungen anderer Menschen interessiert, lassen sich aber von niemandem etwas hineinreden.
- Erfolg ist für beide ein Zustand, den man mit anderen teilt und dessen Zutaten man weitergibt.

Das, was Claudia und Pippi also fördert, sind eigene positive Leitgedanken, Glaubenssätze, Überzeugungen. Sie sagen sich sehr oft, was sie können, wollen, sind. Und ihr Blick ist dabei auf die aufbauenden Eigenarten und die Erfolge gerichtet. Denn es ist leicht, auf das, was wir können, aufzubauen. Es ist ein solides Fundament. Wenn wir uns hingegen ständig sagen, was wir nicht können, machen wir uns das Leben unnötig schwer, denn dann sind wir unfähig, nach dem zu greifen, was wir uns doch so von Herzen wünschen.

Ich bin ich – und zwar gern!

Es bedarf also einer gewissen Portion Selbstbewusstsein – buchstäblich Selbst-Bewusstsein – wollen Sie Ihre Ziele mit Spaß erreichen. Eine Frau, die nach dem Pippilotta-Prinzip lebt, ist interessiert an ihrem Leben. Sie will immer genauer wissen, wer sie ist und immer öfter herausfinden, was sie kann und noch erlernen möchte. Den ersten Schritt dazu haben Sie beim Heben der inneren Schätze in Kapitel 1 getan. Nun geht es daran, auch die Schattenseiten an sich zu akzeptieren – ohne sich dadurch klein zu reden und zu lähmen. Widersprüche sind dabei herzlich willkommen, denn Widersprüche zeigen alle Facetten in uns auf. Wir sind nicht nur mutig, sondern oft auch ängstlich. Auch die Geduldigste wird hin und wieder (welch ein Glück!) wütend, und auch die fleißigste ist manchmal gerne faul. Pippilottas nörgeln nicht an sich herum, sondern betrachten voller Neugier sich und ihre Welt. Hier die starke Verhandlerin, dort heulendes Taschentuch im Kinosessel. Haute Cuisine geht genauso wie hin und wieder Spaghetti mit Tütensoße. Alle Schulprüfungen mit Bravour bestanden? Na prima, dann muss es auch erlaubt sein, etwas mal nicht zu verstehen.

Das Wissen um das, was sie können, ist für Pippilottas ein Fundament. Das Wissen um ihre Unfähigkeiten ist ihr Hausbau der Villa Kunterbunt. Das Wissen um das, was sie erreichen möchten, ist der Dachstuhl.

Wie sieht es denn mit Ihnen aus? Wissen Sie, wer Sie sind? Könnten Sie – würde man Sie fragen – ein kurzes, prägnantes und vor allem ausgewogenes Stärken-Schwächen-Profil Ihrer Person vorlegen? Denken Sie zurück an Ihren inneren Schatz! Wäre dieses Profil ein ehrliches? Wenn ja, dann sind Sie ja schon richtig gut!

Die meisten Frauen jedoch (und das ist in der Tat ein typisches Frauenthema!) bringen sich bereits hier im wahrsten Sinne des Wortes in eine Schieflage, indem sie vorzugsweise ihre Schwächen benennen! Wenn das bei Ihnen auch so ist, sind Sie kein Einzelfall. Frauen wurden von je her zur Unscheinbarkeit erzogen. Ärgerlich, aber wahr. Besonders unseren Großmüttern wurde noch beigebracht, dass klein, unauffällig und möglichst bescheiden eine Zier ist. »Gut« zu sein bedeutete, im Hintergrund zu agieren. Ansonsten galt man als stolz, hochnäsig oder vorlaut.

Dabei handelt es sich, das wissen Sie nun schon, um negative Glaubenssätze. Ein typisches Beispiel dafür ist Micaela, eine Seminarteilnehmerin, die sich in der so genannten Vorstellungsrunde eines Selbst-PR-Workshops folgendermaßen präsentiert:

Beispiel: »Ich bin die Micaela und leider schon über 30 Jahre (kurzer hektischer Lacher). Ich habe keinen Mann und keine Kinder, also ich bin allein. Im Beruf beschäftige ich mich mit Computern. Das war zwar nicht das, was ich wollte, aber ich bin da irgendwie hineingerutscht und mache das auch ganz gut. Meine Schwächen sind, dass ich nur einmal in der Woche Sport treibe, also faul bin, dass ich zu dick bin, wahnsinnig gern Liebesfilme sehe, irgendwie immer zu spät komme, wenn es was umsonst oder günstig gibt. Deswegen habe ich auch immer zu wenig Geld. Und das, obwohl ich so viel arbeite. Ich kann nämlich nicht Nein sagen. Die Arbeit von meinen Kolleginnen landet deswegen ziemlich oft auf meinem Schreibtisch (Schulterzucken). Meine Stärken ... ja also ... (sie beißt sich nachdenklich auf die Lippen)... also meine Freunde sagen, dass ich ganz nett bin. Das kann ich gar nicht glauben, dass die das ehrlich meinen.« (Blick nach unten)

Die Seminarteilnehmerinnen sind verblüfft. Micaela ist eine ausgesprochen attraktive Frau von Anfang dreißig. Alle wissen, dass sie im Top-Bereich eines großen Software-Herstellers beschäftigt ist. Micaela ist eine höchstqualifizierte Kraft, und es liegt nicht an ihrer Bildung, dass ihre Karriere im Moment etwas stagniert. Aber woran liegt es denn dann?

Vielleicht hemmt sie die mangelnde Freude über ihr Know-how? Micaela greift nicht zu, wenn es um Lebenslust und Stolz geht, sondern wird von negativen Glaubenssätzen gehemmt und irgendwie auch gesteuert. Sie haben in ihrer Selbstdarstellung sicher diese bremsenden Selbstbotschaften gleich gefunden. Je mehr wir darauf achten, desto schneller entdecken wir die Sätze, die uns fördern oder abhalten. Sonja hält sich eher ab. Man kann »leider schon 30 Jahre«, »zum Glück erst 30 Jahre« oder auch »endlich 30 Jahre« sein. Kommt ganz darauf an, wie man sich entschließt, das zu sehen. Sehen Sie sich die folgenden Statements an:

Übung

Wie ergeht es Ihnen mit folgenden Sätzen:

• Es gibt keine Männer für mich.	• Ich bin eine wählerische Frau.
• Ich bin anstrengend.	• Ich bin anspruchsvoll.
• Ich habe wenig echte Freundinnen.	• Wirkliche Freundschaften sind wie Diamanten.

• Ich gefalle mir nicht.	• Ich bin besonders.
• Nie weiß ich, was ich will.	• Ich brauche Zeit, um mich zu entscheiden.

Die Sätze auf der linken Seite sind wie Sackgassen. Nichts geht mehr und nichts geht weiter. Die Sätze auf der rechten Seite sind hingegen wie breite Alleen, durch die Sie schreiten können, um genussvoll durch Ihr Leben auf Ihre Ziele zuzusteuern. Das geht manchmal schneller, manchmal langsamer – aber das Entscheidende daran ist: Sie sind in Bewegung!

Übung

Erstellen Sie nun Ihr eigenes Stärken-Schwächen-Ziele-Haus! Nehmen Sie sich ein Blatt Papier zur Hand, das in diesem Fall gern etwas größer sein darf. Skizzieren Sie ein Haus mit Keller, Erdgeschoss und Dachstuhl und einem Fenster darin. Achten Sie dabei darauf, dass in Ihren Geschossen viel Platz für Ihre Notizen zur Verfügung steht. Wählen Sie nun verschiedene Farbstifte: einige für Ihre Schwächen, andere für die Stärken, wieder andere für Wünsche und Ziele.

Beginnen Sie nun im Keller Notieren Sie die Dinge, die Sie aus Ihrer Vergangenheit mitbringen, also Erziehung, gute und schlechte Erfahrungen, Wissen, erlebte Gefühle – eben all das, was Ihrer Meinung nach Ihr heutiges Dasein, Ihr Glück, Ihre Unzufriedenheit oder Ihr sonstiges Befinden prägt. Öffnen Sie dazu ganz bewusst die unterste Schublade Ihrer Seelenkommode aus Kapitel 1. Was findet sich alles an Bildern, Sätzen, Botschaften (die fördern oder hemmen). Betrachten Sie sich die Geschenke und auch das Gerümpel. Kennzeichnen Sie die unterschiedlichen Erfahrungen mit verschiedenen Farben.

Weiter geht es dann im Erdgeschoss Dort findet all das Platz, was gerade ist. Ihre glückliche oder unglückliche Beziehung, Ihre derzeitige Gesundheit, Ihr berufliches Sein, aktuelle Freundschaften, Ängste, Sorgen und Hoffnungen. Das, worüber Sie sich ärgern, und das, was Sie freut.

Im Dachgeschoss ist Raum für all das, was in Zukunft kommt oder kommen soll: Ihre Wünsche, Pläne und Ziele, Träume und ganz realistische Entwicklungen. Wie lauten Ihre persönlichsten und geheimsten Veränderungswünsche? Welche Entwicklung streben Sie an?

Und dann sollten Sie auch einmal einen Blick aus den Fenstern riskieren Vielleicht gibt es dort ja Fernziele, Visionen oder völlig verrückte Träume, die nicht direkt in »Ihrem Haus« sind, die Ihnen aber dennoch nicht aus dem Kopf gehen wollen? Wir meinen diese exotischen kleinen Dinge, die einen nie ganz loslassen: Geheime Wünsche und Geschenke, die wir uns nicht wirklich gönnen. Nutzen Sie den offenen Raum um Ihr Haus herum, um diese Dinge ebenfalls festzuhalten!

Möglicherweise passiert es Ihnen, dass sich gerade in Keller und Erdgeschoss jede Menge persönliche Schwächen stapeln. Das geht vor allem jenen Frauen so, die zurzeit mit ihrem Leben oder Teilbereichen daraus unzufrieden sind. Das zeigt, dass Sie reif sind für Veränderungen – machen Sie sich deshalb klar, dass Sie auf dem besten Weg sind. Sie kennen inzwischen den Trick: Versuchen Sie jede Schwäche auszugleichen. Finden Sie eine darin versteckte Stärke, oder beschreiben Sie die Schwäche auf dem Weg der Veränderung (»Früher habe ich ..., aber jetzt bin ich auf dem Weg ... damit umzugehen!«).

Übung

Schwäche	*Stärke*
• Ich komme oft zu spät.	• Ich nehme mir immer viel Zeit für Freunde.
• Ich bin viel zu groß.	• Mich übersieht man nicht.
• Ich bin langsam.	• Ich kann mich gut konzentrieren.

Ist es voll geworden, Ihr Haus? Und der Blick ins Freie, birgt auch er Perspektiven? Wie sieht es mit Ihrer ersten Farbverteilung aus? Gab es eine Farbe, die überwiegt? Und nun, haben Sie verändert, bereits umformuliert und mit neuen Farben gearbeitet? Auch Pippilottas Haus ist »kunterbunt« und im Übrigen niemals wirklich fertig!

Nun ist es an der Zeit für Ihren seelischen Hausputz. Ja, Sie haben richtig gehört: Wir möchten, dass Sie in Ihrer Villa Kunterbunt ein wenig aufräumen. Keine Sorge, wir wollen Ihnen dabei keine Träume oder besondere Eigenschaften wegkehren – im Gegenteil! Wir möchten, dass Sie sich noch einmal gründlich in Ihrem Haus umschauen und kritisch überlegen, welche Ihrer vermeintlichen Schwächen Sie in Zukunft nicht mehr brauchen!

Übung

Nehmen Sie nun noch einmal ein großes Blatt zur Hand und skizzieren Sie ein weiteres Haus. Übernehmen Sie hier aus Ihrem ersten »Stärken-Schwächen-Haus« nur die Eigenschaften, Wünsche, Stärken, Erfahrungen, Gefühle und so weiter, die Sie in Zukunft wollen oder brauchen – mehr nicht! Verabschieden Sie sich von Sätzen, die nicht wohlwollend sind und die der Vergangenheit angehören. Dabei handelt es sich zum Beispiel um dämliche Sätze aus der Kindheit, die noch immer belasten und unser Leben schattig machen. Sie brauchen sie nicht mehr!
Das ist Ihre Villa Kunterbunt für die Zukunft!

Wenn Sie fertig sind, dann zerreißen Sie Ihren ersten Entwurf – und ziehen Sie gedanklich in das neue Haus ein, das freundlichere Tapeten hat!

Nehmen Sie das Bild des neuen Hauses und hängen Sie es an eine Stelle, zu der Sie oft schauen. Wenn Sie allein wohnen, kann dies die Kühlschranktür sein, wenn Sie in einer Familie oder Beziehung leben, eignet sich die Innenseite Ihres Kleiderschranks hervorragend. Betrachten Sie sich Ihr Haus in den nächsten Tagen und Wochen immer wieder. Ergänzen Sie Dinge, die Ihnen einfallen – oder streichen Sie Bemerkungen, die Ihrer Meinung nach nicht mehr zutreffen. Denken Sie daran: Sie verändern sich mit jedem Tag und jeder neuen Erfahrung, die Sie machen. Aber freuen Sie sich ruhig über das, was Sie schon gezeichnet haben.

Regelmäßig sollten Sie in nächster Zeit jedoch einen Blick in den Dachstuhl (und für ganz Mutige: auch aus dem Fenster!) werfen. Denn hier haben Sie vielleicht zum ersten Mal detailliert formuliert, was Sie alles irgendwann erreichen möchten. Manche Wünsche und Vorstellungen sind vielleicht noch etwas vage, manche Pläne schon konkret, aber aus anderen Gründen bislang nicht zu realisieren. Wie auch immer: Jetzt ist es endlich raus! Finden Sie, Sie waren zu frech und fordernd, vielleicht sogar ein wenig unmoralisch? Denken Sie an die Glaubenssätze, die es zu hinterfragen und zu überholen gilt. Bei Ihren Wünschen sollte es keine Selbstzensur geben, denn: Es ist Ihr Leben! Also fangen Sie damit an!

Wie wir mit uns selbst kommunizieren, wie wir uns selbst beschreiben, unser Verhalten benennen, zeigt in welche Richtung unser Leben geht. Mürrisch und verhalten? Oder spielerisch erfolgreich wie eine Pippilotta? Formulieren Sie nur noch Wachstumsziele!

Nutzen Sie Ihre Möglichkeiten!

Wir kommen auf die Welt und alle Möglichkeiten stehen für die meisten von uns offen. Oft sind wir es selbst, die uns daran hindern, in die Bonbongläser hineinzugreifen. Oder wir wählen eine langweilige Sorte, obwohl es zehn spannendere gibt. Wir scheuen uns zu erkennen, welchen »Appetit« wir haben, was uns »anlacht«, welches Bonbon wir »unbedingt probieren« möchten oder welches Bonbon später einmal dran sein wird. Unsere Augen wandern rastlos und ratlos über die Regale, die Finger zucken, aber wir greifen nicht beherzt zu. Etwas hindert uns, etwas hält uns ab, wir wissen nicht, ob wir wollen oder nicht – und schon gar nicht, was wir wollen. Vielleicht wollen wir rechts greifen, aber dann doch wieder links, aber keinesfalls – und das steht fest – in das Glas da vorne auf der Theke.

Warum wissen wir nicht, was wir wollen? Die Antwort ist verblüffend einfach: Weil sich die meisten von uns vor allem darauf konzentrieren, was sie nicht wollen!

- Das Eis bitte ohne Sahne,
- keinen Mann, der viel arbeitet,
- keine unangenehmen und verständnislosen Vorgesetzten,
- keine Ferien dort, wo alle hinfahren,
- keine Mutter, die sich in unser Leben einmischt,
- keine Wohnung in der Stadt,
- keine schlechten Noten, Prüfungsergebnisse oder Jobs und so weiter.

Wenn Sie einen Augenblick nachdenken, ließe sich vermutlich auch Ihre individuelle »Das-will-ich-nicht-Liste« auf viele Punkte und Lebensbereiche strecken. Das Erstaunliche daran: Wir schaffen es bei der Beschreibung dessen, was wir ablehnen, bis ins kleinste Detail zu gehen! Das Kleid wollen wir nicht, weil die Knöpfe die falsche Größe haben, den Mann lehnen wir ab, da er Boxershorts trägt. Freunde stoßen wir zurück, wenn sie das »falsche« Freizeitverhalten zeigen, Eltern und Geschwister wollen wir bitte nicht zu nah um uns herum ertragen müssen, da sie nerven. Das ist sicher ein Anfang, aber hier dürfen wir nicht verharren. Vergessen Sie nicht den Schritt zu den Dingen zu machen, die Sie wollen.

Was wollen wir denn eigentlich wirklich?

Worum geht es uns im Leben? Wonach streben wir? Wo wollen wir hin? Welche Bonbons sollen es sein?

Erfahrungsgemäß hört man auf diese Frage oft die gleichen Antworten. Die meisten Menschen wünschen sich Glück, wollen geliebt werden, Wohlstand, Gesundheit, Erfolg im Beruf, Familie, ein eigenes Haus, eine gute Beziehung, schöne Ferien und viele andere Dinge mehr, die alle nur eines nicht sind: konkret.

Denken Sie an die Bonbons in Pippis Bonbonladen: Pippi sagt nicht nur, ich will Bonbons, sondern genau, welche Bonbons sie möchte. Die Verkäuferin kann nicht raten, was Ihnen vielleicht schmecken könnte – Sie müssen es wie Pippi, Thomas und Annika genau sagen. Und dazu gehört, dass Sie sich ansehen, welche Sorten es überhaupt gibt. Die köstlichen roten Himbeerdrops liegen nun einmal nicht bei den Kräuterbonbons ganz vorn, sondern stehen vielleicht etwas weiter oben im Regal! Und wenn Sie nicht wissen, was Sie wollen, greifen Sie ins Leere oder bestenfalls daneben. Glück, Wohlstand – was ist das denn genau? Was bedeutet das für Sie ganz allein? Glück?

Glück ist individuell! Das heißt, das was Sie glücklich macht, kann für Ihre beste Freundin der blanke Horror sein. Und es ist wichtig, dass Sie sich konkrete Dinge zum Ziel setzen oder wünschen – sonst können Sie nicht darauf hinarbeiten.

Übung

Nehmen Sie sich nun Papier und Stift und versuchen Sie möglichst konkret zu beschreiben, was Sie wollen. Konzentrieren Sie sich dabei auf die Themen, die für Sie im Moment besonders wichtig sind: zum Beispiel Liebe und Beziehung, Familie und Heim, Beruf und Bildung, Aussehen und Wohlbefinden, Freizeit und Ferien und so weiter.

Ein Beispiel: Wenn es Ihnen um Liebe geht und Sie Ihren Traumprinzen suchen, sollte Ihre Beschreibung nicht mit seinem Aussehen und seinen besonderen Fähigkeiten beendet sein, sondern da erst beginnen. Beschreiben Sie, warum bestimmte Verhaltensweisen von ihm für Sie besonders liebenswert wären, konzentrieren Sie sich also auch darauf, was bei Ihnen (und warum!) die großen Gefühle auslöst!

Oder wenn Sie Ihre eigenen vier Wände schon immer völlig neu gestalten wollten, fangen Sie an zu zeichnen! Planen Sie konkret – vom Schrank bis zur Vase! Selbst wenn Ihr Budget zurzeit keine neuen Anschaffungen zulässt – Sie können sich Dinge schenken lassen oder Schritt für Schritt zulegen.

Kleine Hilfestellung: Wenn es Ihnen zunächst schwer fällt, das, was Sie wollen, zu benennen, überlegen Sie kurz, was Sie nicht wollen (geht deutlich leichter und schneller!), und formulieren Sie diese Ihre Sätze dann wieder eindeutig positiv beziehungsweise neutral. Aus »keinen Mann mit Bart« wird ein »Mann mit zarter Haut«, aus »einer Wohnung, die nicht laut ist« vielleicht eine »Wohnung in kleiner Wohneinheit« oder »Wohnung auf dem Land«. Sie merken schon, Sie müssen sich nun wieder entscheiden, wie ruhig soll es denn sein? Und wie viel Bart? Gar keiner oder doch ein kleiner, und wie viel Haare überhaupt?

Übung

Versuchen Sie sich Ihren inneren Bildern ganz hinzugeben und beschreiben Sie diese detailliert. Wie sieht etwas aus? Wie riecht es? Können Sie Musik, Töne, Naturgeräusche hören? Was fühlen Sie, oder wie fühlt es sich an? Möchten Sie etwas sagen? Gibt es einen Geschmack? Wie farbig ist das, was Sie sehen? Je genauer Ihre Bilder sind, desto besser werden Sie wissen, was Sie wollen. Formen Sie die Bilder so lange um, bis Sie wirklich für Sie stimmen.

Gehen Sie Ihren Zielen nach

Immer deutlicher werden Ihre Pläne für die nächsten Tage, Wochen oder Jahre! Nun kommen wir zu den einzelnen Schritten. Wie werden Sie Ihre Ziele erreichen? Am besten beginnen Sie mit einem kleinen Ziel, indem Sie es aufschreiben und sich dann einen Plan machen. Wie werden Sie genau vorgehen? Nehmen wir das Ziel »Ich möchte gesünder leben!«

Was bedeutet das für Sie? Wie sieht das genau aus? Was ist gesünder leben? Wie wird es sich in Ihrem Leben zeigen, dass Sie gesünder leben? Woran werden Sie es merken, dass Ihr Leben nun gesünder ist?

Nichts ist frustrierender als Ziele, die undeutlich sind. Undeutliche Ziele sind schwer anzupacken und zeigen nicht auf, wann wir sie erreicht haben! Wir wollen aber nicht nur etwas erreichen, sondern wir wollen es auch mitbekommen!

Daher müssen Sie große Ziele in Teil- und Zwischenziele zerlegen, damit Sie überhaupt einen Anhaltspunkt zur Handlung haben. Teil- oder Zwischenziele könnten zum Beispiel sein:

- nächste Woche dreimal an festgelegten Tagen Rohkostsalat essen,
- einmal im Monat für eine Stunde in den Wald gehen,
- weniger Fett essen (und zwar keine Chips, Sahne und Eis),
- bessere Gedanken haben (welche?).

Es ist sehr hilfreich, mit einer »To-do-Liste«, also Teilzielen, zu arbeiten. Schritt für Schritt können Sie dann verfolgen, wie Sie immer zufriedener werden. Ist das erste Ziel erreicht, fallen die nächsten Schritte schon viel leichter, denn Erfolg ist motivierend. Entscheidend ist, dass Sie sich nicht zu viel auf einmal vornehmen. Je mehr Sie auf einmal wollen, desto schwieriger ist es, alles zu erreichen. Beginnen Sie klein, und steigern Sie sich nach und nach.

Und lassen Sie sich nicht von Misserfolgen aus der Bahn werfen, denn sie können sonst Nahrung für negative Glaubenssätze sein:

- Siehst du, du schaffst es nicht!
- Hab ich doch gleich gewusst, dass das nicht klappt!
- Ich halte auch gar nichts durch!

Diese Attacken gehören nicht mehr in Ihr Pippilotta-Leben! Auch wenn etwas nicht gelingt, machen Sie sich die Teilerfolge bewusst und loben Sie sich dafür!

Oft ist es unterstützend, mit Eltern, Partnern oder guten Freunden über persönliche Pläne und Veränderungswünsche zu sprechen. Wenn Ihr Umfeld Sie begleitet, dann kann das ein großer Schub für Ihre Pläne sein. Gibt es Menschen, die Ihnen etwas ausreden oder madig machen wollen? Lassen Sie sich nicht einschüchtern! Lassen auch Sie sich nichts von anderen »vorrechnen«, und entdecken Sie Ihre eigenen Qualitäten und Lösungen. Nichts verhilft zu mehr Ausstrahlung, als die eigenen Pläne zu kennen und diese stolz und selbstbewusst umzusetzen. Ihr persönliches Umfeld kann nicht immer von Anfang an mit Veränderungen umgehen. Oft fühlen sich diese Menschen irritiert. Lassen Sie sie deswegen an Ihren neuen Gedanken teilhaben, und registrieren Sie gleichzeitig Ihre eigene Reaktion auf Kommentare von anderen. Viel zu häufig ist Partnern, Eltern und Freunden nicht klar, wie sie etwas sagen oder darüber denken.

Das hilft: Bonbons für die Seele

Versuchen Sie sich selbst auf Ihrem Weg zu unterstützen.

- Wohin führt der Weg Sie noch mal?
- Was war das Ziel?
- Was möchten Sie verändern oder sich nehmen?

Pippi begleitet sich selbst, wie eine gute Freundin. Machen Sie Ihr dies nach. Belohnen Sie sich immer wieder, mit kleinen Bonbons, Lob und unterstützenden Sätzen, wie zum Beispiel: »Vielleicht kann ich es, wenn ich mir Mühe gebe!«

Wenn eine Herausforderung auf sie wartet, geht Pippi darauf zu. Haken Sie sich vertrauensvoll bei ihr ein!

3.

Warum vorwärts nur mit rückwärts geht

Gehen Sie gerne in den Wald? Tauchen Sie gerne in dieses frische Grün ein, vielleicht um Pilze zu finden oder Heidelbeeren? Mögen Sie die Stille und das Vogelgezwitscher? Hängen Sie gerne, während Sie gehen, Ihren eigenen Gedanken nach? Wenn ja, dann sollten Sie unbedingt einmal nach Schweden fahren!

Schweden ist ein weites Land. Es hat wunderschöne Seen und ist nicht von Touristen überlaufen. Die Wälder dort sind ein wenig wie im Märchen oder wie wir es aus Bilderbüchern kennen. Moosbewachsene Böden, versteckte Lichtungen, kleine Moorfelder und Wege voller Trolle und Wurzelwerk. Wohin man auch schaut: Bäume, Sträucher, Pilze, Blaubeeren oder Blumen.

Ein richtiges Paradies zum Wandern. Viele schöne Wege liegen vor einem und viele ist man schon gegangen. Ach ja! Das gibt es ja auch noch, das Vergangene und nicht nur das, was vor einem liegt.

Haben Sie sich auch bei einem Spaziergang schon einmal umgedreht, um überrascht zu bemerken, dass Ihnen der Weg aus dieser Rückansicht ganz fremd vorkam? Und sind Sie schon einmal eine gleiche Strecke zurückgelaufen, um erstaunt festzustellen, dass Sie gar nichts oder nur sehr wenig wieder erkennen?

Ein ähnliches Phänomen kennen Sie sicher auch von Ausstellungen. Man zahlt den Eintritt und geht die vorgeschriebene Runde. Wendet man sich und geht zurück, sehen die Gänge und Räume auf einmal wieder anders aus. Man entdeckt auf einmal Dinge, die man vorher nicht gesehen hat oder ist überrascht von dieser neuen Perspektive. Bilder, Mobiliar und Blicke aus dem Fenster sehen auf einmal völlig anders aus. Wir gewinnen etwas dazu. Nicht nur eine neue Sicht, manchmal sogar eine neue Einsicht. Erst durch den Blick zurück wird die Aufnahme vollkommen.

Im Wald können wir so zum Beispiel

- einen Baum von der anderen Seite sehen,
- einen Pilz finden, der sich hinter einem Busch versteckt,
- einen Menschen sehen, den wir vorher nicht im Blick hatten,
- auf ein schönes Tal blicken und nicht nur auf die Steigung vor uns,
- feststellen, dass wir einen Wegweiser übersehen haben.

Besonders der Wegweiser ist ganz schön nützlich. Vieles, was wir für die Zukunft sinnbringend verwenden können, liegt hinter uns, in unserem Rücken. Wir denken: Vorbei ist vorbei, dabei könnten wir uns Umwege ersparen, wenn wir die Hinweisschilder lesen würden, die wir uns einst selbst, aus unserer eigenen Geschichte heraus, schrieben.

Wir sind den Blick nach vorne gewohnt

Den Blick nach vorne hat man uns anerzogen. Nicht nur in der Familie, auch an den meisten Arbeitsplätzen verlangt man von uns den Blick in die Zukunft zu richten. Man nennt das dann Perspektive und Planung, egal ob es sich um private Entscheidungen handelt oder um berufliche. Sehr häufig ist dieses Vorausschauen wichtig, auch wenn wir es zuweilen als einengend und belastend empfinden. Wir sollen jetzt schon wissen, wann wir im nächsten Jahr in Urlaub wollen, oder wir versuchen uns in Familienplanung. Wann war das mit dem Baby noch mal dran? Wenn Sie eine Führungsposition innehaben (und sei diese in Ihrem eigenen Kiosk), dann ist Planung die Hälfte Ihres Erfolges. Auch hier müssen Sie Entscheidungen treffen, die erst viel später umgesetzt werden. Waren sind zu bestellen, Flüge zu buchen, Seminare wollen zugesagt werden, Plätze gesichert und Aufträge sollen bestätigt werden.

Wann immer Sie gefragt werden, etwas Zukunftiges vorherzusagen, will man, dass Sie etwas fokussieren und festschreiben. Es gilt Entscheidungen zu treffen, obwohl die Situation noch gar nicht da ist. Wir managen unser Leben digital, im Netz oder mit großen Wandkalendern. Ohne diese strategischen Instrumente fühlen wir uns hilflos und fast nackt. »Ich habe meinen Planer nicht dabei!« kann genauso peinlich klingen wie »Ich habe heute keine Unterwäsche an«.

Auf das zu achten, was kommt, haben wir mit der Muttermilch eingesogen. »Schau, wohin du gehst«, wurden wir als Kinder bereits ermahnt. Trödeln war nicht erlaubt. »Dreh dich doch nicht dauernd um!«, rief man uns zu, wenn wir uns im Zoo noch einmal den Elefanten betrachten wollten, an dessen Gehege wir bereits gestanden hatten. »Wir gehen weiter!« Und schon fühlten wir uns wie zerrissen. Wir wollten noch ein wenig bei dem Elefanten bleiben und die Giraffen da vorne waren uns deswegen herzlich egal. »Wo siehst du denn hin? Da vorne!« wurden wir daraufhin in die richtige Richtung gedrängt.

Die richtige Richtung war: vorne.

Die falsche Richtung: hinten.

Welchen Weg wir eigentlich gehen wollten, war nicht gefragt. Als Kinder mussten wir uns unseren Eltern, der Familie, der Kindergartentruppe, unserer Grundschullehrerin und noch vielen anderen Personen fügen. Alle gemeinsam in eine Richtung und keiner hat zu trödeln!

Der Blick nach vorne

Kaum verlassen wir die Schule, geht es erst richtig mit der Planung los. Als Schulkinder wurden wir verplant, nun lautete die Ansage, wir hätten selbstständig Entscheidungen zu treffen. Ohne den ständigen Blick nach vorne scheint gar nichts mehr zu gehen. Wir planen unsere Ausbildung, die Familie, den Hauskauf. Nach der Familienplanung kommt dann für manche gleich die Scheidungsplanung. »Nächstes Jahr ist alles über die Bühne!«, meint der Anwalt und blättert seinen Terminplaner ein paar Seiten weiter. Es liegt immer vorne, was wichtig ist. Nicht nur privat, sondern auch im Beruf. »Das hätten Sie doch kommen sehen müssen!«, heißt eine der unangenehmsten

Rügen; oder jemand fordert frei heraus: »Wir erwarten von Ihnen, dass Sie das sehen, was sich noch gar nicht zeigt.«

Prima. Und wie soll man das bitte schön machen – das sehen, was man gar nicht sieht? Wie schafft man es, dass die Art der Voraussicht nicht bloße Spekulation ist? Spekulation ist gefährlich, Voraussicht notwendig. Ganz besonders dann, wenn Sie beruflich mitten im Leben stehen und die Karriereleiter noch ein wenig höher klettern wollen. Dann gehört es mit zu Ihren Aufgaben, Trends nicht nur zu verfolgen, sondern zu entdecken oder zu erfinden. Trends und Entwicklungen zu erkennen geht aber nur, wenn man sich auch die Vergangenheit ganz genau ansieht.

Im Berufsleben sollen Sie aber meistens alles gleichzeitig können: Trends erkennen, Gefahren abwägen, alles im Blick haben und dabei erfolgsorientiert und zielstrebig auf alle Beteiligten wirken. Das ist alles ganz schön viel!

Sie müssen sich also dem zeitlichen Sog hingeben und werden Sklave des Plans. Dabei bleibt keine Zeit, sich gezielt mit Vergangenem auseinander zu setzen. Ist Ihnen nun klar, warum Sie manchmal so müde, erschöpft und ausgepowert sind? Zu kraftlos, um sich abends noch einen Schnellpudding anzurühren? Keine Gespräche mehr, denken Sie sich an diesen Abenden, keine Kontakte und bitte, bitte kein Besuch! Müde hängen Sie auf der Couch und lassen sich von Lebensgeschichten aus der Glotze berieseln.

Das ist kein Pippilotta-Leben! Pippi würde Ihnen den Vogel zeigen. Planung? Sie weiß gar nicht, wie das geht. Pippi sitzt auf der Veranda, singt sich ein Lied, und wenn es um die Zukunft geht, dann fragt sie sich höchstens, was sie gleich essen wird. Etwas Kuchen oder doch eher ein belegtes Brot? Eine Pippilotta ist alles andere als kalkulierend oder planend. Sie lässt die Dinge auf sich zurollen, reagiert flexibel und wiegt sich in der Sicherheit ihrer Stärke. Was auch kommen wird, sie wird es schaffen, und wenn nicht, dann denkt sie nach. Aber erst, wenn die Situation da ist und nicht schon Monate davor:

- Weihnachten nächstes Jahr ist ihr im Moment egal,
- ebenso ob es in zwei Jahren zu einer Beförderung kommt
- oder was jemand sagt, wenn man plötzlich dringend vorhat, auszuwandern.

Ziele sind wichtig, aber dabei sollte Ihre Spontaneität und Flexibilität nicht auf der Strecke bleiben. Denn Pippi scheut sich auch nicht, die Reise ins Taka-Tuka-Land abzusagen:

»Nein, Papa Efraim«, sagte Pippi. »Es geht nicht. Ich halt das nicht aus!«

»Was hältst du nicht aus?«, fragte Kapitän Langstrumpf.

»Ich halt es nicht aus, dass ein Mensch auf Gottes grüner Erde meinetwegen weint und traurig ist. Am allerwenigsten Thomas und Annika. Wieder raus mit dem Laufsteg! Ich bleib in der Villa Kunterbunt!«

Kapitän Langstrumpf stand eine Weile still.

»Mach, was du willst«, sagte er schließlich. »Das hast du immer getan.«

Pippi nickte zustimmend.

»Ja, das hab ich immer getan«, sagte sie ruhig.

Die ganzen »Wenn-dann-Spiele«, die Fantasien darüber, wie andere Menschen reagieren, wenn wir etwas wagen, sind Pippi einerlei. Sie belastet sich nicht damit, sondern steht morgens auf und überlegt sich dann, wie sie den Tag gestalten will. Stimmt! Auch das ist eigentlich schon Planung! Doch was Pippi so entspannt von uns unterscheidet, ist ihre Bereitschaft, diese Planung auch wieder umzuwerfen, falls sie eine andere Idee bekommt oder sich in einem ihrer Schränke ein Gegenstand befindet, der momentan einfach viel wichtiger ist als der Besuch im hohlen Baum. Wer ihr etwas anderes einreden will, dem zeigt sie eine lange Nase.

Versuchen Sie, Ihre Pläne, die sich nicht verhindern lassen, flexibel zu halten. Wir können uns entscheiden, und oft gibt es Wege, die neben oder hinter Trampelpfaden liegen. Ziehen Sie Ihren irgendwann einmal gefassten Plan nicht durch, nur weil Ihnen Zielstrebigkeit eingebläut wurde. Suchen Sie nach Alternativen, die Sie glücklich machen, blicken Sie sich um und dabei auch zurück. Oft übersehen wir die schönsten Wiesen!

»In Ägypten gehen alle Menschen so«

Nach vorne zu blicken und vorausschauend zu sein, hat natürlich auch seine Qualitäten. Wer Gefahr kommen sieht, kann sich eine Menge Ärger ersparen, beruflich und privat. Es ist sehr wichtig, Seismographen für Gefahren zu entwickeln und den Instinkt zu schulen. Weitsichtig zu sein, gehört zu den zentralen Qualitäten in unserem Leben. Können wir die Zukunft einschätzen, so haben wir zumindest eine Chance, wenn es darum geht, eine ungünstige Prognose zu beeinflussen. Wir wenden das Unglück dann flugs ab und sagen stolz: »Das habe ich kommen sehen, deswegen habe ich so reagiert.« So weit, so gut. Aber wie vorher bereits erwähnt: Wir können nur dann im Vorausblick Geschehnisse, Reaktionen und Situationen in der Zukunft erahnen, wenn wir den Weg zurück, die Erfahrung aus der Vergangenheit dafür nutzen. Der Blick zurück schärft unseren Blick nach vorne.

Sind wir in der Vergangenheit bereits einmal gestolpert, so können wir uns in der Zukunft davor schützen. Allerdings müssen wir uns dann daran erinnern, dass es diese Stolpersteine gab. Und wir müssen uns auch daran erinnern, wie wir damit umgingen, und entscheiden, ob unsere Reaktion in der Vergangenheit sinnvoll und angemessen war.

Die Gegenwart hat jedoch die Angewohnheit, uns unvermutet zu überraschen. Manchmal erfreut uns das, manchmal werden wir unsicher, und manchmal macht uns das einen Strich durch die Rechnung. Ein Beispiel:

X **Beispiel:** Sophia und Jens wollen ein halbes Jahr durch die Welt reisen. Sophia war schon einmal in Brasilien und möchte auf alle Fälle wieder dorthin. Jens will Peru und Mexiko kennen lernen. Beide haben sich gut vorbereitet, die Rucksäcke sind gekauft, die Urlaubstage zusammengespart, auf dem Wohnzimmertisch finden sich Stapel von Reiseführern und Versicherungen. Auch die Eltern von Sophia haben sich inzwischen wieder beruhigt: »Muss es denn immer so lange und so weit weg gehen?« Aber dann kommt alles ganz anders. Ein anderer Mann tritt in das Leben der beiden. Zugegebenermaßen ist er noch winzig, aber sein Mitspracherecht ist groß. Sophia wird nämlich zwei Wochen vor Abflug von dem Ausbleiben ihrer Periode überrascht. Ein Benjamin hat sich auf den Weg gemacht. Brasilien, Mexiko und Peru kommen erst einmal wieder ins Regal. Nicht alles ist planbar, schon gar nicht das Leben oder die Liebe. (Und falls es Sie interessiert, ob die beiden inzwischen ihre Reise angetreten haben ... nein, das haben sie noch immer nicht, denn nach Benjamin meldete sich eine Katja an! Aber, keine Panik, es gibt ja auch Seniorenreisen nach Südamerika.)

Das zeigt uns: Es gibt keine Sicherheit, mögen wir auch noch so viele Pläne für die Zukunft machen. Die einzige Sicherheit ist die, dass sich immer wieder alles ändert. Es gibt nur Annäherungen an das, was sicher sein könnte. Annähernd sicher können wir das voraussagen, was wir bereits mehrfach in der Vergangenheit erprobt oder erlebt haben und was sich als günstig oder ungünstig erwiesen hat. Um die Zukunft einschätzen zu können, braucht es also den Blick zurück.

Schließlich fragte Thomas: »Warum bist du rückwärts gegangen?«

»Warum ich rückwärts gegangen bin?«, sagte Pippi. »Leben wir denn nicht in einem freien Land? Darf man nicht gehen, wie man möchte? Übrigens will ich dir sagen, dass in Ägypten alle Menschen so gehen, und niemand findet das auch nur im Geringsten merkwürdig.«

Pippi geht aus Spaß rückwärts. Das gibt ihr die Gelegenheit, Annika und Thomas ein wenig zu foppen und ihnen eine neue Fantasiegeschichte zu erzählen. Sie erklärt einfach, die Menschen in Ägypten würden alle rückwärts gehen, das sei nun mal dort so und für uns hier nur ungewohnt. Wir wissen natürlich, dass das nicht stimmt. Pippi nimmt es eben nicht so genau. Annika und Thomas wollen eine Begründung haben, also gibt sie ihnen, was sie brauchen. Das Rückwärtsgehen steht hier für einen ganz neuen Blickwinkel und für den flexiblen Umgang mit den Umständen.

Kleine Philosophie des Zurückgehens

Und wozu ist rückwärtsgehen noch gut? Nehmen wir es als ein Bild dafür, sein ganzes Leben rückwirkend zu betrachten. Zu würdigen, woher wir kommen, und zu überlegen, was unsere

Wurzeln sind. Nicht nur Fehler oder fehlgeschlagene Versuche lassen sich da finden, sondern auch Vorbilder. Wenn wir zurückschauen, dann kommen uns Menschen in den Sinn, an die wir schon eine ganze Weile nicht mehr gedacht haben:

Die ganze Familie ist ein depressiver Haufen? Und was ist mit Tante Alice, die rund und knuffig war und immer so schön laut lachte?

Alle sind verbiestert? Und wie war das mit Onkel Harry, der sich schon früh und fröhlich auf den Weg machte, um sein eigenes Glück zu finden?

Auch wenn wir manche Familienmitglieder oder Menschen die unseren Weg kreuzten, lange nicht mehr gesehen haben, sind wir oft noch verbunden. Das, was wir durch sie erfahren haben, wirkt in uns weiter. Manchmal war das förderlich und manchmal wurden wir durch die Erfahrungen anderer Menschen aber auch gehemmt:

- »Fahr nicht da hin, oder willst du denselben Fehler wie deine Schwester machen?«
- »Deine Großmutter hatte mit den Müllers schon Probleme. Lass dich bloß nicht mit dieser Familie ein!«

Machen Sie sich bewusst, was in der Vergangenheit war und wessen Einfluss Sie gern auch noch in Ihrer Gegenwart spüren wollen. Denn wir brauchen nicht alles in der Vergangenheit für unsere Zukunft. Oft genug ist Ballast und manchmal sogar ziemlicher Müll dabei. Jemand hat eine Situation auf eine bestimmte Weise erfahren und gibt Ihnen nun keine Chance, Ihre eigenen Erfahrungen zu machen. Aber es gibt durchaus auch positive Einflüsse, die Sie für Ihren weiteren Lebensweg nutzen können. Überlegen Sie sich also, welche Familienerbstücke längst auf den Sperrmüll des Universums gehören und aus wessen Erfahrung Sie Kraft für die Zukunft schöpfen können.

Übung

Viel Spaß bei der Mülltrennung: In die Familientruhe kommen also aufbauende, tröstende und hilfreiche Familiengeschichten und Traditionen. Unreflektierte Geschichten und Schicksale gehören in den Ökomüll, das heißt, man kann sie nach genauer Betrachtung noch einmal verwenden.

Also: Packen Sie Ratschläge, die nach »Du willst ja nicht hören!« klingen, in den gelben Sack. Oben zuziehen, und drinnen kann es alleine weitermuffeln.

In die Tonne müssen Drohungen – und wenn jemand aus Ihrer Familie versucht ist, Ihnen die Verantwortung für sein Leben aufzuhalsen.

Und was ist mit all den Geschichten und Erzählungen einer Familie? Auch die müssen Sie zuerst durchsehen, und was nicht verwendet werden kann, kommt ins Altpapier. Dort wird es dann gemischt und es kann neues Papier gewonnen werden. Und neue Geschichten, denn Ihre Zukunft soll leicht und strahlend sein und ohne Grauschleier, die aus Großmutter Berthas Liebestragödien resultieren. Zu diesen »Familiengeschichten« kann übrigens auch Ihr Freundeskreis beitragen.

Familien sind nicht nur Eltern und Geschwister. Familien können Freundinnen und Freunde sein. Menschen, die uns über Jahre begleiten, die mit uns seelenverwandt sind oder geistige Mütter oder Väter. Pippi baut sich ihre Familie selbst.

Sammeln Sie die aufbauenden und unterstützenden Geschichten der Vergangenheit. Familien- und Freundesgeschichten müssen motivieren oder zum Nachdenken anregen. Wenn Sie spüren, dass Sie einfach abgehalten werden, versuchen Sie die Hintergründe aufzudecken. Will Sie vielleicht jemand abhalten, weil er etwas selbst nicht wagt?

Woher wir kommen

Erinnern Sie sich an Ihren Schatz aus Kapitel 1 und die hilfreichen Fragen zur Vergangenheit. Wenn wir jetzt zurückblicken, dann haben wir bereits viele Erfahrungen machen dürfen. Wir wurden in einer Familie geboren, die uns nicht nur ihre Regeln mitgab, sondern auch Vorstellungen, Gaben, Talente und Wissen. Unsere Familienmitglieder, wie klein oder groß diese Familie auch immer war, waren die ersten Menschen, denen wir intensiv begegnen durften. Sie waren unsere Welt, unser Universum. Aufgrund dieser Gespräche und des hoffentlich gefühlvollen Hineinführens in das Leben konnten wir Erfahrungen sammeln, lernen und uns auf diese Weise ein eigenes Bild von der Welt machen. Es ging ganz langsam und Stück für Stück. Immer weiter krabbelten wir in Richtung Zukunft, um dann auf zwei Beinen zu gehen und später zu springen und zu tanzen.

Unsere Familie war idealerweise unser Schutz und Auffangnetz, das heißt, wir konnten uns auf unsere Eltern verlassen und von ihren Fehlern und Erfolgen lernen. Unser Blick lag auf unseren Eltern, später auf den Erzieherinnen im Kindergarten – und noch später betrachteten wir unsere Lehrer. Einige dieser Menschen, bis hin zu einer wohlwollenden Vorgesetzten oder unterstützenden Professoren, waren bereitwillig unsere Mentorinnen oder Mentoren. Da diese Menschen bereit waren, für uns und mit uns zurückzublicken und mit uns vorauszuplanen, konnten wir lernen, wie Leben sich gestaltet und gestalten lässt. Sicher hatten auch diese Menschen Schwächen, aber lassen Sie uns nun auf das blicken, was Sie unterstützte.

Der dankbare Blick zurück

Versuchen Sie einen Stammbaum Ihrer selbst gewählten Familie aufzuzeichnen. Sie können dabei also auch gerne Freunde mit einbeziehen oder Menschen, die in der Vergangenheit eine große Rolle für Sie gespielt haben.

Wenn Sie sich diesen Stammbaum mit den Namen oder Bildern in Ruhe betrachten, welcher dieser Menschen war für Sie von großer Bedeutung? Warum? Was hat er oder sie getan, das Sie dazu bringt, heute noch an diesen Menschen zu denken?

- Was haben Sie ihnen zu verdanken?
- Können Sie genau sagen, was Sie gelernt oder übernommen haben?
- Gibt es einen Dank auszusprechen?
- Gibt es etwas zu verzeihen?

Vergessen und verzeihen kann nichts ungeschehen machen, aber Sie befreien.

Übung

Wir haben Sie zu Beginn des Kapitels in den Wald geführt. Wenn Sie diese Wanderung als Bild für Ihr eigenes Leben nehmen, wäre nun der Moment gekommen sich umzublicken und zu schauen, was Sie schon alles gelernt und hinter sich gelassen haben. Setzen Sie sich auf einen Baumstamm oder eine Bank, und betrachten Sie sich mal den langen weiten Weg, der nun bereits hinter Ihnen liegt. Vielleicht möchten Sie sogar eine kleine Landschaft Ihres Lebens aufzeichnen. Ihre kleine Welt, mit Bergen, Tälern, Burgen, Flüssen, freundlichen Nachbarn und feindlichen Grenzen. Was haben Sie im Laufe Ihres Lebens alles erfahren? Was davon ist heute noch von Bedeutung? Welche Situationen und Begegnungen haben Sie nachhaltig auf Ihrem Lebensweg geprägt und unterstützt?

Vervollständigen Sie als Hilfe folgende Sätze

- Als ich auf die Welt kam, da ______________________________
  ____
- Mit drei Jahren habe ich ______________________________
  ____
- Mein erstes Erfolgserlebnis hatte ich mit ______________
  ____
- Als 10-jähriges Mädchen konnte ich wunderbar __________
  ____
- Meine Freundinnen mochten an mir mit 12 Jahren ______
  ____
- Obwohl ich mich nicht traute, wagte ich mich mit ______
  ____
- Seit ich 15 Jahre alt bin, mache ich gerne ______________
  ____

- Wenn ich mit 16 Jahren nicht den Mut gehabt hätte, hätte ich nie ____________________
  ____
- Ich habe nie aufgegeben, obwohl ich mit ____________________
  ____
- Vieles von dem, was ich heute kann, verdanke ich einem Erlebnis, das ich mit ____________________ hatte.
  ____
- Es ist schön, an die Zeit ____________________ zurückzudenken. Ich habe in diesem Jahr meinen Weg gefunden.
  ____
- Meine wichtigsten Jahre waren ____________________
  ____
- Die wichtigsten Menschen sind ____________________
  ____

Wenn Sie nun Ihrem eigenen Lebenswald noch einen Namen geben könnten, dann sind Sie im Rückblick schon richtig gut. Würden Sie sagen, es ist ein

- ○ Märchenwald
- ○ Dschungel
- ○ Schatzwald
- ○ Pilzwald
- ○ Zwergenwald
- ○ Feenwald
- ○ Glückswald
- ○ Lernwald
- ○ ...

Sicher fällt Ihnen ein passender Name ein. Mit dem Namen würdigen Sie das, was einmal war und nehmen das Wichtige mit in die Zukunft.

Wir wollten Sie durch diese Übung darin ermutigen, die schönen und wertvollen Momente zu sehen, die es bislang in Ihrem Leben gab.

Meist finden sich neben den stärkenden Erfahrungen aber leider auch eine Menge schwächende. Leider gilt das für jeden Menschen. Dumme Situationen, Verwechslungen oder hässliche Sätze, die gesagt wurden und die noch heute ihre Wirkung zeigen. Damit kommen wir wieder auf die Glaubenssätze, um die es schon in Kapitel 2 ging. Besonders gut lassen sich diese bekämpfen und hinterfragen, wenn Sie sie mit einer bestimmten Person in Verbindung bringen können. Dann können Sie nämlich jetzt gezielt überprüfen, ob diese Person für Sie so maßgebend ist, dass sie Ihnen eine negative Botschaft mit auf Ihren Lebensweg geben darf.

Was man uns so alles lehrte ...

Wir haben viel gelehrt bekommen. Manches Schlaue war dabei und auch manches, was sich im Nachhinein als nicht besonders schlau herausstellt. Das, was heute noch stimmt und gültig ist, kann schon morgen durch neue Kenntnisse entkräftet werden. Dass Spinat viel Eisen enthält und nichts so krisensicher ist wie eine Ausbildung in einer Bank, sind Aussagen, die inzwischen nicht mehr stimmen. Immer wieder werden wir mit Äußerungen konfrontiert, die nicht überprüft sind oder die sich gar nicht überprüfen lassen. Als wir Kinder waren, glaubten wir bereitwillig all das, was uns unsere Eltern erzählten. Es war für uns nicht zu verrücken, wahr und richtig. Wir glaubten daran. Ein paar Beispiele:

- Ich brauche gar nicht erst anzufangen, ich kann das nicht.
- Mit 35 kriegt man keinen Mann. Wozu ein Inserat?
- Es ist aussichtslos, ich nehme einfach nicht ab.

Wie bereits besprochen, können Glaubenssätze positiv oder negativ sein. Sie sind an absolute, intensive Gefühle gekoppelt und dadurch bilden wir sehr schnell ein Urteil, wie sich etwas in unserem Leben ganz sicher gestalten wird. Die Wurzeln der Glaubenssätze liegen in der Vergangenheit. Wir blicken zurück, wählen eine Erfahrung und bilden eine Ursache-Wirkung-Regel für die Zukunft. Wenn Glaubenssätze also negativ sind, dann machen wir uns die Zukunft schwer. Positive Glaubenssätze hingegen öffnen Türen zu unseren Fähigkeiten und zu unserer Kraft. Wenn wir glauben, dass etwas »wahr« ist, werden wir uns danach verhalten. Erinnern Sie sich: Glaubenssätze sind, neben Ehrgeiz und der Suche nach Liebe, mit die stärksten Antriebe in unserem Leben. Sie können uns viel Energie geben oder unsere Kraft blockieren.

Unsere Eltern und Lehrer hatten also die Macht, uns zu fördern oder zu entmutigen. Ein Blick von ihnen konnte uns zum Weinen bringen. Ein Lachen machte uns zu einer Prinzessin. Wenn unsere Eltern an uns glaubten, dann war das für uns manchmal entscheidender als der Glaube an uns selbst. Wir vertrauten ihnen und sahen zu ihnen auf. Fanden sie etwas nicht so gut, dann hatten wir ein Problem. Nie kamen wir auf die Idee zu sagen: »Das ist deine Meinung. Damit es ausgewogen wird, habe ich mir noch ein paar andere eingeholt!« Als Kinder ahnten wir nicht einmal, dass das, was die Eltern sagen, nichts anderes als eine Meinung ist. Also glaubten wir.

Beispiel: »Ich singe nicht gerne. Nicht für mich und schon gar nicht mit einer Gruppe«, erzählt Mara, 26 Jahre. »Als ich eine Weiterbildung machte, sollte die Gruppe ein Lied singen. Sofort spürte ich, wie sich mein Hals zuzog. Ich wollte nicht singen, denn ich fand das peinlich und doof. Die anderen der Gruppe merkten, dass ich auf einmal ganz verkrampft war. Als sie fragten, reagierte ich gereizt und bockig. Ich verteidigte mein Grundrecht, nicht zu singen. Dieses alberne Singen oder Nichtsingen führte beinahe zu einer Eskalation. Fast hätte ich geheult. Auf der Heimfahrt dachte ich darüber nach. Warum hatte ich mich so angegriffen, ja fast bedroht gefühlt? Meine Erinnerung gelangte an einen bestimmten Punkt, einen Schultag. Wir hatten Musikunterricht und ich hörte meine Lehrerin lachend sagen: ›Hört mal Mara. Sie klingt wie eine verrostete Gießkanne!‹ Ich hatte die Situation total vergessen und nun war sie auf einmal wieder da. Mir war sofort klar, warum ich seitdem so ungern singen wollte.«

Zurückschauen macht manchmal wütend – na und?

Oft, wenn uns solche Erlebnisse im Rückblick einfallen und aufflammen, spüren wir eine Riesenwut in unserem Bauch. Wir möchten gerne Schuld zuschieben, andere verantwortlich machen, und wir hören die vor Jahren gefallenen Sätze grausam kalt in uns nachklingen. Die tragen die Verantwortung dafür, denken wir, dass es mir heute so bescheuert geht! Und schon fällt uns eine ganze Liste ein, was alles im Leben schief gegangen ist, weil Eltern oder Lehrer sich so gedankenlos in unser Leben eingemischt haben.

Leben diese Personen noch und spricht man sie darauf an, so stellt man häufig fest, dass diese Menschen sich an jene Situationen nicht einmal mehr erinnern. »Was soll ich gesagt haben?«, fragen sie und schütteln ungläubig mit dem Kopf. »Davon weiß ich nichts, das kann nicht sein.«

Als kleine Mädchen haben wir manche Sätze viel direkter und bedrohlicher gehört, als sie vielleicht ausgesprochen wurden. Viele Bemerkungen, die uns als Kinder so erschütterten, dass wir noch als Erwachsene davon beeindruckt sind, wurden in Wirklichkeit ganz nebenbei ausgesprochen. Dahin geplappert, ohne dass Eltern, Großeltern oder Lehrer wirklich darüber nachdachten, was sie gerade sagten. Vielleicht fand sich jemand besonders witzig oder wollte sich auf Ihre Kosten amüsieren. Es ist zu vermuten, dass die Musiklehrerin sich dabei wirklich nichts gedacht hat. Im Traum käme sie sicher nicht darauf, dass Mara seitdem nicht mehr singt.

In unserer Erinnerung sind Lehrer und Eltern auch immer die »älteren«, um nicht zu sagen steinalt, und werden damit zu Respektspersonen, die vermeintlich nur Weisheiten von sich geben. Wie alt waren denn Ihre Eltern, als Sie selbst fünf Jahre alt waren? Waren sie vielleicht jünger, als Sie heute sind?

Sie können die Vergangenheit nicht mehr verändern, denn diese Zeit ist vorbei. Aber Sie können die Wirkung verändern, umdrehen und entmachten. Wenn es Erinnerungen an unschöne Erlebnisse in Ihrem Leben gibt, deren Bewertung Sie hindert und aufhält, dann ist es nun an der Zeit, diese zu verändern.

Dazu braucht es etwas Zeit und Nachdenken. Am besten machen Sie es wie Pippi und setzen sich dabei auf den Küchentisch, trinken in Seelenruhe eine große Tasse Kaffee und essen dazu ein Käsebrot. In der Ruhe liegt die Kraft und manchmal ist die

Ruhe auf einem Küchentisch am besten zu finden. Wenn man seinem Leben auf die Schliche kommen möchte, ist Ruhe das Beste, was es gibt.

Verändern von blockierenden Einstellungen

Worte, das wissen Sie, haben eine große Macht. Wie wir von etwas sprechen, was wir glauben und welches Licht wir auf eine Situation werfen, beeinflusst maßgeblich unsere Zukunft. Alte Sätze der Kindheit spielen da eine Rolle, aber auch Einstellungen, die wir selbst erschaffen haben. Machen Sie nun eine Liste negativer Grundannahmen über sich, die Ihnen zu folgenden Lebensthemen einfallen:

- Aussehen,
- Beruf,
- Beziehung,
- Talente.

Übung

Nun gilt es, diese Sätze gezielt umzuformulieren:

• Ich kann auf Menschen nicht zugehen.	• Ich bin wählerisch bei meinen Kontakten.
• Ich habe kein Talent.	• Ich bin vielfältig.
• In Beziehungen habe ich kein Glück.	• Ich bin dabei, das Thema Liebe zu erforschen.
...	...
...	...

Die ersten Aussagen sind hemmend. Sie sind wie eine Sackgasse, nichts geht mehr weiter. Die zweiten Aussagen öffnen Ihnen neue Perspektiven. Nun können Sie weiter nachdenken und nach positiven Aspekten forschen. Für Ihr Leben bedeutet das, dass Sie sich die Chance geben, immer wieder neue Erfahrungen zu machen. Negative Glaubenssätze halten Sie von diesen Erfahrungen ab.

Was heißt das genau?

Immer, wenn Sie ab jetzt merken, dass Sie einen negativen Glaubenssatz sagen oder denken, wandeln Sie diesen »gewinnbringend« um. Hören Sie anderen Menschen zu, Sie werden feststellen, dass die Welt voller negativer Glaubenssätze ist. Wenn Wörter wie

- immer,
- nie,
- niemals

fallen, dann betrachten Sie sich diesen Satz genau. Solche Wörter finden sich oft in Glaubenssätzen und täuschen uns damit eine Allgemeingültigkeit vor, die es eigentlich gar nicht gibt. Werden Sie dann genau, indem Sie fragen:

- Musst du wirklich immer allein ausgehen?
- Stimmt es, dass dich nie jemand anruft?
- Bist du wirklich niemals eingeladen worden?

In dem Moment, in dem Sie die Ausnahmen finden, sind Sie auf dem besten Weg, einem negativen Glaubenssatz seine schlechte Kraft zu nehmen. Sie werden sich dabei ertappen, dass Sie manchmal sogar über die Absurdität eines solchen Satzes schmunzeln müssen – und schon wird er etwas von seiner Kraft und Gültigkeit verlieren.

Einen neuen Drehtag einlegen!

Manchmal haben sich auch ganze Sequenzen oder Szenen eingeprägt, die uns auch nach Jahren noch ein negatives Gefühl vermitteln und uns einschränken. Holen Sie einen alten, negativen Film aus dem Archiv und legen Sie ihn innerlich ein. Dann schauen Sie sich die Situation noch einmal in Ruhe und ganz genüsslich an. Jetzt lassen Sie ihn dreimal rückwärts laufen. Dann wieder vorwärts, dann wieder rückwärts, so schnell, wie Sie können. Betrachten Sie sich die Bilder. Na? Hat sich schon etwas verändert? Dann wäre jetzt ein guter Zeitpunkt, diese Filmszene neu zu drehen.

Gehen Sie innerlich noch einmal in die Situation und entwerfen Sie die Szene nun neu. Sie sind die Regisseurin! Sie dürfen den Film gestalten, wie Sie es möchten. Kraftvoll, fröhlich, positiv. Lassen Sie all das gelingen, was Ihnen in der ersten Situation misslungen ist. Malen Sie sich genüsslich Ihren Triumph aus oder das gute Gelingen eines Projektes, Ihre Schlagfertigkeit oder die Bewunderung Ihres Gegenübers.

Dinge, die in der Vergangenheit passiert sind, können wir heute nicht mehr ändern. Worte wurden gesagt, Türen zugeschlagen. Mara betrachtete die Situation in der Schule im Nachhinein wie einen Waldweg, der hinter ihr lag. Aha, dachte sie sich, so war das also. Und ging in Richtung Lösung. Sie sagte sich: »Nun gut, da habe ich also meine Stimmbänder 26 Jahre lang geschont, indem ich nicht gesungen habe. Die müssten ganz gut ausgeruht sein und wunderbar klingen, wenn ich ab jetzt regelmäßig singe.«

Und dann hat sich Mara tatsächlich einen Chor gesucht!

Flechten Sie sich Ihre imaginären Pippi-Zöpfe!

Die Geschichte von Mara lässt sich auf viele andere Geschichten übertragen. Einmal waren es Brüder, dann größere Schwestern, der Vater, die Mutter, Oma oder Opa – wenn wir nachdenken und zurückblicken, dann stoßen wir schnell auf diese Geschichten. Damit haben wir die Möglichkeit, sie uns zu betrachten und zu verabschieden, wenn wir das wollen, vielleicht auch neu zu entwerfen. Sind die Wunden sehr, sehr groß, dann brauchen wir dabei vielleicht eine unterstützende, professionelle Hand. Sind die Wunden eher klein und brennen nur, dann hilft es uns, wenn wir die imaginären Pippi-Zöpfe spüren und uns sagen: »Das hat mich jetzt aber die längste Zeit gequält. Nun schalte ich um und überlege, ob ich nicht etwas finde, wozu es gut war.« Denn, wir erinnern uns, etwas findet sich immer, an dem man auch seine Freude hat. In Maras Fall könnte dies die Erkenntnis sein, dass sie sich als Kind noch sehr beeindrucken ließ und jetzt als Erwachsene mutig ihre Entscheidungen verteidigt. »Ich singe nicht und damit basta!«

Sie ist aber nicht bei dem BASTA! stehen geblieben – und das ist für die Zukunft wichtig. Der Blick zurück hat ihr geholfen, damit sie jetzt sicherer nach vorne schreiten kann. Es verändert sich etwas im Leben, wenn Sie offen für neue Erfahrungen bleiben, ohne sich von Vergangenem verunsichern zu lassen.

Übung

- Welche Situation möchten Sie in Zukunft neu gestalten?
- Gibt es etwas, das Sie lernen möchten?
- Erfahrungen, die anstehen?

- Gespräche, die Sie führen möchten?

Malen Sie diese Situationen in Ihren Weg. Wo sind die Kletterfelsen, wo stehen die Pilze, wo ist der Wald dicht (vielleicht so dicht, dass Sie noch nicht hinein mögen), wo eine Lichtung und wo steht die Parkbank?

Lassen Sie sich Zeit und hetzen Sie nicht. In Ihrem Wald werden Sie immer kleine Überraschungen finden. Dafür braucht es nur einen wachen Blick. Je fröhlicher und neugieriger Sie sich diese Themen betrachten, desto schneller finden Sie die Lösung und auch die Geschenke, die darin verborgen sind.

Und rechnen Sie nicht wie Annika immer mit dem Schlimmsten, dann macht auch die Vorfreude auf den Schulausflug mehr Spaß:

Annika war absolut sicher gewesen, dass es gerade an diesem Tag regnen würde. Sie war so sicher gewesen, dass sie schon die ganze Zeit vorher fast böse gewesen war. Aber was man doch manchmal für Glück hat! Die Sonne schien aus reiner Gewohnheit weiter, obwohl Ausflugstag war, und Annikas Herz hüpfte vor Freude, als sie in ihrem funkelnagelneuen Kleid daherspazierte.

Nicht alles, was wir in der Vergangenheit erlebt haben, ist unterstützend und förderlich. Leeren Sie das Pilzkörbchen Ihres Lebenswaldes und sortieren Sie die ungenießbaren Pilze aus. Nicht alle ungenießbaren Pilze sind auch giftig, aber sie können einem dauerhaft den Magen verderben. Deswegen passen Sie nicht in Ihre Lebensküche!

4.

Vom Glück, merkwürdig zu sein

»Ich hätte gerne Spaghetti und dazu ... lassen Sie mich nachdenken ... ja dazu nehme ich einen grünen Salat ... oder warten Sie, vielleicht will ich gar keine Spaghetti, sondern lieber Lasagne, die dann aber bitte nicht mit zu viel Käse überbacken.«

Nein, das ist nicht Meg Ryan in *Harry und Sally*, die da spricht, sondern Kara. Kara ist Anfang dreißig und ihr Verhalten ist das, was man merkwürdig nennt. Sobald sie einen Raum betritt, fällt sie auf. Einmal durch ein Kleidungsstück, einmal durch ihre Frisur, oder sie verhält sich so, dass sich alle Augen auf sie richten. Manchmal hört man Menschen zischen: »Meine Güte, hat die einen Knall!« oder staunend sagen: »Was ist das bloß für eine Frau?« Kara ist wie ein bunter Paradiesvogel. Sie hat schillernde Seelenfedern und singt auf eine ungewohnte Weise. Kara ist kein Spatz auf dem Dach, und: Sie weiß das! Immer wieder muss man zu ihr hinsehen – und hat man sie wahrgenommen, wird man sie ganz sicher nicht mehr vergessen.

Wie ihre Seelenschwester Pippi, die einem nach dem ersten Kapitel auch nicht mehr aus dem Kopf geht. Pippi zieht in ihre Villa ein, die Kinder finden sie sehr merkwürdig, und es ist klar, dieses Mädchen werden sie niemals vergessen:

Annika erwachte zeitig am nächsten Morgen. Sie sprang schnell aus dem Bett und schlich zu Thomas.

»Wach auf, Thomas«, sagte sie und rüttelte ihn am Arm. »Wach auf, wir wollen zu dem ulkigen Mädchen mit den großen Schuhen gehen.«

Auch Kara ist diese Situation bekannt. Geht sie in eine Bar, dann dauert es nicht lange, bis sie von jemandem angesprochen wird. »Was ist das für Mode, die du da trägst? Ist das der neueste Renner oder hast du keinen Geschmack? Und warum sprichst du denn so seltsam? War das schon immer so oder hast du dir das anerzogen? Wie reagieren deine Kollegen denn darauf? Und überhaupt, ich hab dich doch schon mal gesehen!«

Kara ist merkwürdig und ihr selbst gewähltes PR-Konzept erfolgreich. Wie sie geht, steht und spricht ist »anders« und die Wirkung, die sie damit erzielt, ist verblüffend. Ob man will oder nicht, Kara kann man nicht übersehen. Sie ist mit sich im Reinen und tritt dadurch sehr bestimmt auf. Wenn Kara einen

Raum betritt, dann ist sie »da«, und wenn sie etwas sagt, dann sorgt sie dafür, dass man sie nicht überhört. Ihre Stimme wird dafür ein kleines bisschen lauter und sie taucht in die Wörter ein. Kara genießt jeden Buchstaben und lässt ihn wie eine Nougatpraline über die Zunge rollen.

Merkwürdig sein – und auffallen

Wenn Kara spricht, wenden sich die Köpfe nach ihr um. Damit ist Karas Plan aufgegangen. Genau das hat sie gewollt! Und noch ein bisschen mehr. Karas Ziel ist, sich selbst zu inszenieren, egal ob in der Oper, im Supermarkt oder in der Pizzeria. Ständig erfindet sie sich neu und hält damit die Welt in Atem (und sich selbst). Mal ist sie Grande Dame und mal die Schlampe. Es macht ihr Spaß aus dem Rahmen zu fallen und andere Menschen in Staunen zu versetzen. Dabei stören sie Neugier und Blicke nicht – im Gegenteil, sie will das so haben. Dass andere ab und zu über sie lächeln, ist ihr egal. Sie lacht ja selbst oft genug über sich!

»Bloß nicht zu ernst werden«, sagt sie. »Das gräbt nur Falten ins Gesicht!«, und schon hat sie wieder einen Mann in ein Gespräch verwickelt, der ihr schmunzelnd Auskunft gibt und später ihren Wein bezahlt.

Anstrengend, merkwürdig – oder anspruchsvoll?

Klingt vielleicht ganz interessant, aber sehen wir uns das Ganze doch etwas genauer an: Wie ist das mit Kara, ist sie anstrengend, merkwürdig oder ganz einfach anspruchsvoll? Kara ist manchmal das eine, dann wieder das andere, aber ganz sicher das dritte. Hin und wieder wird sie auch als kompliziert beschrieben.

Da ergeht es ihr wie Pippi. Wir amüsieren uns über ihr Verhalten prächtig, aber unterm Strich ist uns schon klar, dass so viel Eigenwilligkeit auch stresst. Und zwar die anderen.

Pippi setzt sich durch und sei es damit, dass sie die Schiffsreise mit ihrem Vater einfach absagt. Wir möchten manchmal auch so sein – aber wir wollen den Preis dafür nicht zahlen. Von welchem Preis die Rede ist? Davon, dass man durch solches Verhalten manchmal aneckt. Wir möchten stattdessen lieber von jedem gemocht werden. Sehr häufig halten Frauen mit ihren Wünschen und der eigenen Meinung hinterm Berg, weil sie befürchten unangenehm aufzufallen. Sie möchten auf keinen Fall jemanden verärgern, verdrängen, ihm oder ihr die Schau stehlen oder den Eindruck erwecken, auf Konfrontation aus zu sein.

- Wir möchten auffallen – aber nicht auffallend sein.
- Wir möchten sagen, was wir denken – aber nicht unbequem wirken.
- Wir möchten, dass man uns nicht vergisst – aber nichts Originelles dafür tun.

Eigentlich wäre es den meisten von uns am liebsten, alle hätten uns lieb und wir könnten dennoch eine ganz besondere Ausstrahlung haben. Reizvolle Vorstellung – leider funktioniert das so nicht. Warum probieren Sie nicht einfach Karas Weg aus – vielleicht stellen Sie ja fest, dass er Sie viel weiterbringt als Ihre bisherige Ausrichtung an der Norm.

Warum also nicht einmal eine Gruppe, ein Büro oder die eigene Beziehung aufmischen? Ist erst einmal etwas durcheinander, so kann es sich auch neu strukturieren, das ist für viele Abläufe gut. Pippi denkt in keiner Situation darüber nach, ob sie aneckt oder jemandem auf die Füße tritt. Sie ist deswegen jedoch nicht verletzend, sondern steht zu sich und ihren Bedürfnissen. Wenn sie überhaupt mit jemand Harmoniesucht pflegt, dann mit sich selbst. Und die erwachsene Pippilotta würde uns zurufen: »Wer versucht, es allen recht zu machen, der bleibt zurück und macht es am Schluss niemandem recht. Und wer nicht auffallen will, wird nicht gesehen.«

Wenn Sie möchten, dass man Sie hört, dann müssen Sie den Mund aufmachen und lauter sprechen. Wenn Sie möchten, dass Sie jemand bemerkt, dann müssen Sie sich bemerkbar machen – niemand kann ahnen, was in Ihnen vorgeht.

Eigentlich ganz einfach, oder? Zugegeben, fast jedes neue Verhalten ist am Anfang etwas ungewohnt. Wie ein Paar Schuhe, die noch nicht passen. Aber bald schon haben Sie sich an die neue Absatzhöhe gewöhnt und merken, dass Ihr Gang leicht und geschmeidig ist. Dann können Sie darauf aufbauen und damit wieder ein bisschen mutiger werden und sich selbst ein Stückchen unabhängiger von anderen Meinungen machen. Genau um diese neue Sicherheit geht es in diesem Kapitel.

Sich zu zeigen macht Spaß. Für sich einzustehen macht stolz.

Trauen Sie sich, anders zu sein und Ihre Mitmenschen zu überraschen.

Jeden Tag, sobald die Schule aus war, rannten Thomas und Annika zur Villa Kunterbunt. Sie wollten nicht mal ihre Schularbeiten zu Hause machen, sondern nahmen ihre Schulbücher mit zu Pippi.

»Das ist gut«, sagte Pippi. »Setzt euch hierher und lernt; dann bleibt vielleicht auch an mir ein bisschen Gelehrsamkeit hängen. Nicht, dass ich das Gefühl hab, dass ich welche brauche, aber man kann vielleicht keine Wirklich-Feine-Dame werden, wenn man nicht lernt, wie viel Hottentotten es in Afrika gibt.« Thomas und Annika saßen mit ihren aufgeschlagenen Erdkundebüchern am Küchentisch. Pippi saß mit hochgezogenen Beinen mitten auf dem Tisch.

»Aber bedenkt mal«, sagte Pippi und legte nachdenklich ihren Finger an die Nase, »wenn ich gerade gelernt habe, wie viele Hottentotten es gibt, und einer davon bekommt Lungenentzündung und stirbt – dann war das ja alles umsonst, und ich sitze da und bin kein bisschen Eine-Wirklich-Feine-Dame.« Sie überlegte. »Jemand müsste den Hottentotten mal sagen, sie sollen sich so benehmen, dass in euren Schulbüchern keine Fehler stehen«, sagte sie.

Wer hätte gedacht, dass Pippi eine feine Dame sein will? Oder versucht sie nur, die Denkmuster der anderen mit ihren Überlegungen infrage zu stellen? Seine eigenen extrovertierten Fähigkeiten zu entdecken macht vielfältig. Andere Menschen bleiben neugierig und betrachten uns immer wieder neu und mit Spannung. Wie auch Thomas seiner Schwester irgendwann mal steckt. »Bei Pippi weiß man eigentlich nie etwas!« Genau, sie kann nämlich so oder so oder wieder anders sein.

Wie Kara. Auch sie passt in kein Schema, das heißt, man muss sich auf sie einstellen. Würde man ihre Freunde fragen: »Und ist Kara euch denn nicht etwas zu merkwürdig?«, träte sicher erst einmal ein kleiner Moment der Stille ein. Gleich daraufhin würden sich aber alle geschlossen hinter Kara stellen. Ja, sie ist merkwürdig, skurril, hin und wieder könnte man vielleicht sogar behaupten, dass sie einen kleinen Vogel hat, aber genau das trifft es in der Summe, was Kara so besonders macht. Wir müssen nicht alle wie Kara sein, aber es schadet nicht, sich seiner Individualität bewusst zu werden und diese manchmal gezielt auszuleben. Wir möchten uns von anderen Menschen unterscheiden! Das ist auch gut so, denn schließlich tragen wir keine Einheitsuniform. Auch nicht im Verhalten! Kara trägt immer besondere Kleidung, hat ihre Haare stets neu frisiert, und ihre Ansichten sind oft aus einer gänzlich neuen Perspektive. Sie fürchtet sich nicht vor den skeptischen Blicken anderer Menschen. Fragen beantwortet sie gerne, denn Fragen bedeuten für Kara Weiterentwicklung und Gespräch.

In unserer oft so verhaltensgenormten und angepassten Welt ist Karas unbeeindrucktes Verhalten wunderbar erfrischend. Endlich einmal jemand, der sich nicht darum schert, was andere Menschen sagen und denken. Karas Mut ist anziehend und betörend – auch wenn man ihr das nicht immer sagt. Sie ist vielfältig, und das bedeutet, dass Menschen vielfältig auf sie reagieren. Kara genießt das, denn sie möchte die ganze Palette von Reaktionen an sich und anderen kennen lernen. Dabei entscheidet sie genau, wie weit jemand im Umgang mit ihr gehen darf: Tritt ihr jemand zu nahe, dann zieht sie ihre Grenzen. Tritt sie jemandem auf die Füße, so findet sie die richtigen Worte der Entschuldigung. Und blanker Neid wird von ihr ignoriert. »Schau nicht auf mich«, sagt sie diesen Menschen nonverbal, »sondern probier dich selbst im Leben aus. Du musst deinen eigenen Weg finden.«

Auch Pippi ist ein Paradiesvogel, und wir hätten sie nie so lang und aufrichtig geliebt, wäre ihr Verhalten so stinknormal wie das von Annika gewesen. Pippi hielt uns in Spannung.

Annika war vorhersehbar brav. Direkte Aufforderung und Ermunterung konnte sie zu etwas größeren Schritten bewegen, aber sie kam nie auf einen frechen Spruch oder auf verrückte Ideen. Im Reich der Märchen wäre Annika nie eine Räuberin geworden und keine Anführerin, sie spielt eher die Rolle der Bedenkenträgerin.

In der Kindergeschichte muss sie so ein »fades Geschöpf« sein, denn sie ist das Gegenbild von Pippi. Wären Thomas und Annika so frech wie Pippi gewesen, dann hätte Astrid Lindgren von einer Kinderbande erzählt, aber genau das wollte sie ja wohl nicht. Dank Annikas Glanzlosigkeit kann Pippi glänzen. Also wollen wir ihr ein wenig für ihre Mühe danken. Aber damit auch schon genug, denn es geht ja in unserem Leben um etwas ganz besonderes: nämlich um uns. Wir sollen nicht anderen zu Glanz verhelfen, sondern unser eigenes Leben etwas aufpolieren.

Sie sind eine besondere Marke

Nicht austauschbar und nicht mit anderen zu verwechseln. Aber wenn das so ist, warum zeigen wir uns dann nicht gerne und fürchten häufig das Rampenlicht?

Oft gehen wir von einer mehr als fragwürdigen Voraussetzung aus: Wir befürchten, ein auffallendes Auftreten bewirkt, dass sich andere Menschen abwenden. Wir haben Angst, unsere Freunde zu verlieren, wollen unsere Familie nicht blamieren. Dabei haben wir meist keine Erfahrungen, ob unsere Ängste stimmen. Die Gefahr, dass andere Menschen Sie wirklich auslachen oder schief ansehen, ist gering. Viel eher sind Menschen froh, wenn sich jemand etwas wagt. Sich etwas zu trauen, macht den anderen Mut, denn ungewohntes Verhalten zeigt auf, dass es noch mehr Handlungsmöglichkeiten gibt als nur die eine. Das ist kreativ!

Bunte Verhaltenskleider ziehen an

Weder Pippi noch Kara sind allein oder ausschließlich von klatschendem Publikum umgeben. Sie haben Lebensspaß und Lebensfreude und tragen diese gerne nach außen. Beide sind nur dann allein, wenn sie sich dafür entscheiden. Ansonsten: volles Haus und klingelnde Telefone. Aber womit genau zieht Kara Menschen eigentlich an?

»Sie hat einen bestimmten Blick auf die Welt, den ich nicht habe. Ich erweitere dadurch auch meinen eigenen Blick«, würde sicher Marlis, ihre beste Freundin sagen. Und dann gäbe es noch Menschen, die ganz klar zugeben würden, dass es mit Kara niemals langweilig wird. Egal wo man hingeht, man kommt mit anderen ins Gespräch, oder sie zeigt einem Orte, die man allein nie gefunden hätte.

»Sie macht Mut, etwas zu probieren und anders zu reagieren. Nicht immer so durchschaubar zu sein, so brav!«, beschreibt Bernadette, eine andere Freundin, was sie an Kara fasziniert.

Kara zeigt ihre schönen und ihre unbequemen Seiten, gepaart mit ein paar bunten Straußenfedern. Wie Pippi verkehrt herum schläft, so geht Kara nicht von rechts nach links, sondern von links nach rechts und steigt in Straßenbahnen vorne ein, um hinten wieder auszusteigen und in einen anderen Waggon zu wechseln. Was sie auch tut, immer wirkt sie so, als sei es das Normalste auf der Welt. Dabei stellt sie sich aber nicht in den Vordergrund und positioniert sich als merkwürdig, sondern sie ist es einfach. Deshalb soll es hier auch nicht um das Nacheifern gehen, sondern darum, Mut zum eigenen individuellen Ausdruck zu haben – was immer der dann sein mag.

Übung

- Wo findet sich in Ihrem Freundeskreis eine Pippi oder Kara?
- Was macht diesen Menschen für Sie so besonders?
- Gibt es ein Verhalten, das Sie gerne ausprobieren würden?

Denken Sie einfach ein paar Minuten nach, machen Sie sich klar, welche Verhaltensweisen Sie bewundern und welche eher nichts für Sie sind.

Wer auffallen will, muss auffallen!

Jeder Mensch möchte merkwürdig sein. Nein? Merkwürdig nehmen wir hier einmal ganz wörtlich: Also würdig, dass andere sich merken, wer und wie man ist. Manchmal braucht es dafür schlaue Ideen und gelegentlich genügen auch zwei verschiedenfarbige Strümpfe im Verhalten. Das bedeutet, wir verhalten uns nicht normgerecht, sondern außerhalb der Gewohnheiten.

Schieben Sie also alle Vorbehalte in einen Kasten und verstauen Sie diesen erst einmal im Keller oder in der Garage. Wirkliche Kontakte zerbrechen nicht, weil man auf einmal rote Zöpfe trägt, sondern viel eher aufgrund von Unehrlichkeit oder Egoismus. Unehrlich ist es auch, wenn man seine Talente nicht offenbart, Fähigkeiten verschweigt, sein Licht unter den Scheffel stellt und nur auf halber Flamme kocht. Zeigen Sie, was Sie alles können, damit auch andere zu wachsen wagen.

»Ich befürchte aber viel eher, dass die anderen über mich reden werden«, bemerkte eine Workshopteilnehmerin. Natürlich tun sie das! Wie wunderbar! Sie reden und sie fragen – das bedeutet Entwicklung und nicht Stillstand. Und wer sich über Ihr angeblich nicht normales Verhalten das Maul zerreißt, auf den können Sie sowieso verzichten, oder? Wir sind nicht auf dieser Welt, damit alles gleich bleibt. Als funkelnde und glitzernde Sterne tragen wir zum Glanz der Welt bei.

Bin ich zu sehr aufgefallen?

Der feine Herr sah auf Pippis rotes Haar und beschloss, sich ein wenig lustig zu machen, während er wartete.

»Weißt du, was für eine Ähnlichkeit zwischen dir und einem frisch angesteckten Streichholz ist?«, fragte er.

»Nein«, sagte Pippi. »Aber das wollte ich immer schon wissen.«

Der feine Herr zog Pippi heftig am Zopf.

»Ja, siehst du, bei beiden brennt der Kopf! Hahaha!« [...] »Ich glaube wahrscheinlich, du bist das hässlichste Balg, das ich je gesehen habe.«

»Ach«, sagte Pippi, »ich finde, du bist auch gerade nicht so bildschön, dass man vor Entzücken hochspringt, wenn man dich sieht.«

Es kann natürlich sein, dass Ihr auffälliges Auftreten von manchen Mitmenschen nicht so freundlich aufgenommen wird. Lassen Sie sich davon nicht ins Bockshorn jagen. Wenn Sie aber doch einmal das Gefühl haben, es zu bunt getrieben zu haben, dann hilft nur eins: Fragen Sie bei guten Freunden nach. Das gilt ganz besonders nach Partys, auf denen man sich komplett außer Rand und Band fühlte. Im Rückblick haben wir dann häufig den Eindruck

- nur Blödsinn geredet zu haben,
- mit hysterischem Lachen aufgefallen zu sein,
- niemand auch nur eine Chance für einen Wortbeitrag gelassen zu haben
- oder dass der Alkohol unseren bedeutungsvoll gemeinten Blicken einen Hauch von Blödheit gab.

Auf einen Nenner gebracht: Man fühlt sich an diesen Tagen auch in der Seele tief verkatert. Häufig denkt man: Nein, war ich derart überdreht? Hilfe, habe ich mich so benommen? Sag, dass das nicht wahr ist! Das war nicht ich, das war mein Double!

Gute Freunde sollten ehrliches Feedback geben. Waren wir wirklich etwas zu lebendig – dann wissen wir für die nächste Party, dass es besser ist, den Pegel nicht ganz hoch zu fahren. Fühlen wir uns im Nachhinein wie eine ganze Show, ist auch möglich, dass wir nur ein Sketch waren. Also: alles halb so wild oder vielleicht sogar ein bisschen zu wenig.

So lange Sie sich noch selbst beobachten, reflektieren und infrage stellen, ist höchstwahrscheinlich alles im grünen Bereich. Fragwürdig wird es erst, wenn Sie völlig unkritisch mit sich selbst sind.

Versuchen Sie Ihr Verhalten nach einer Party nicht zu präzise zu analysieren. Erstens ist die Party vorbei, und zweitens sind Partys dazu da, dass man etwas erlebt. Auch mit sich selbst! Alles andere wird Sie auf kommenden Partys nur hemmen und verunsichern.

Bescheidenheit ist keine Zier

Dass merkwürdiges Verhalten andere Menschen reizt und irritiert, befürchten vor allem die Menschen, die nie aus der Rolle fallen und die zumeist unauffällig sind. Wer den ganzen Abend nichts sagt, kann schon einen einzigen Satz als äußere Turbulenz empfinden. Dabei ist es eher umgekehrt: Es sind die unauffälligen Menschen, die niemals aus sich herausgehen, die negativ auffallen. Immer muss man nach ihnen schauen, sich umdrehen und sich kümmern, ob sie noch dabei sind oder gerade in einer Ecke im Flur versauern. Das dämmt die Stimmung und ist schrecklich anstrengend. Das heißt nicht, dass man als gute Freundin nicht auch mal zuhören muss – aber man muss auch einmal etwas von sich preisgeben, damit es zu gleichberechtigten Freundschaften kommen kann. Reine Introvertiertheit funktioniert also genauso wenig wie großsprachige Extrovertiertheit.

Das Geheimnis der Merkwürdigkeit

Um sympathisch zu wirken, benötigt Merkwürdigkeit nämlich eine Zutat, die dafür unerlässlich ist: Menschenfreundlichkeit. Es ist Herzenswärme, die verhindert, dass Skurrilität zur öffentlichen Belastung wird.

Merkwürdigkeit macht uns von anderen Menschen unterscheidbar. Wird die Merkwürdigkeit mit Herzenswärme und Respekt vor anderen kombiniert, verwandelt sie sich in eine Einzigartigkeit, die andere Menschen anzieht.

Übung

Jetzt ist es an der Zeit herauszufinden, worin Sie sich von anderen bereits unterscheiden oder in Zukunft noch besser unterscheiden wollen. Was ist Ihre besondere Spezialität, Ihr persönlicher Zuckerguss? Wie werden Sie von Ihren Freundinnen beschrieben? Was würden Sie gerne hören, was diese in Zukunft von Ihnen sagen?

Um das herauszufinden, sind ein paar Fragen hilfreich:

- Wie lachen Sie, wenn jemand einen guten Witz erzählt? (ansteckend, mit Hand vor dem Mund, still, gar nicht, fröhlich, offen ... oder nur kurz, weil Sie selbst gleich einen Spaß auf Lager haben?)
- Wann hörten Sie das letzte Mal jemand lachend zu Ihnen sagen: »Das hat mich aber eben an dir richtig überrascht!« Was für eine Situation war das? Was haben Sie genau gemacht? Würden Sie diese Situation gerne noch einmal wiederholen oder abwandeln?
- Was könnten die fünf ersten Verhaltensweisen sein, die bei Ihnen auffällig sind?
- Was gefällt Ihnen an sich selbst so gut, dass Sie gerne mehr davon zeigen würden?
- Gibt es Anekdoten, die Freundinnen gerne und immer wieder von Ihnen erzählen?
- Als was verkleideten Sie sich gerne als Kind?

Ihre Antworten können erste Hinweise darauf geben, was Sie zu einem besonderen Menschen macht. Einem, der sich in dieser Art von den anderen unterscheidet und so im Gedächtnis bleibt.

Grenztänzerin werden

Bei allem Wunsch zur Merkwürdigkeit: Dafür gibt es natürlich auch individuelle Grenzen, die Sie bei sich kennen und respektieren sollten, denn sonst wirken Sie aufgesetzt. Ihre Grenzen unterscheiden sich von denen anderer Menschen. Was für Sie »bis hierher und nicht weiter« geht, kann für andere noch weit entfernt von einer Grenze sein. Allerdings sind Grenzen wie ein Gummiband: beweglich und dehnbar. Sie müssen ausgetestet werden und verändern sich ständig. Je mehr wir lernen, desto mehr gestalten sich auch unsere Grenzen, aber gleichzeitig gibt es auch so etwas wie eine Tagesverfassung der Grenze. Immer wieder müssen wir deswegen in uns hineinhören, wie »weit« es heute gehen darf. Bei uns und auch bei anderen.

Zu sich stehen heißt: sich abgrenzen. Sich abgrenzen bedeutet: seine Grenzen kennen. Seine Grenzen zu kennen macht einzigartig.

Merkwürdig zu sein heißt, dass andere etwas für des Bemerkens würdig halten. Sie bleiben stehen, merken auf, sehen hin, fragen nach, schmunzeln oder schütteln mit dem Kopf – wie auch immer.

Spätestens jetzt wird klar: Merkwürdig zu sein, ist per se weder positiv noch negativ. Der Begriff ist sozusagen ein leeres Behältnis. Was merkwürdig ist, entscheiden Sie, beeinflusst von den Normen und Werten der Gesellschaft, in der Sie aufgewachsen sind. Ein Beispiel: Maden zu essen kann eklig sein oder eine Delikatesse – je nachdem in welchem Land man wohnt, was

Pippi mit ihren zahlreichen Geschichten über fremde Länder illustriert. Dabei ist erst einmal ganz gleich, ob diese wahr sind.

Kleine Inseln der Merkwürdigkeit

Wenn Sie sich bislang eher zurückhaltend gezeigt haben und darüber unglücklich sind, dann ist es sinnvoll, bestimmte Momente zu finden, in denen Sie merkwürdig leben können. Damit denken wir an eine Art Versuchsfeld. Warum nicht in der Freizeit beginnen? Oder immer montags? Oder am Sonntagnachmittag? In diesen Zeiten können Sie portionsweise immer mal wieder ein bisschen merkwürdig sein und sich an neue Verhaltensmuster ganz sanft gewöhnen. Ganz sicher werden Sie dabei mutiger werden und sich besser kennen lernen. Mit der Zeit werden Sie klar herausfinden, welche Merkwürdigkeit am besten zu Ihnen passt.

Dafür haben wir ein paar goldene Regeln für Sie:

- Lachen Sie über sich selbst. Merkwürdigkeit braucht Selbstironie und Witz, ansonsten wird es ein Drama!
- Zeigen Sie sich erst einmal dort merkwürdig, wo Sie niemand kennt, hervorragend eignen sich dazu Volkshochschulkurse! Dort können Sie nebenbei Ihr neues Verhalten ausprobieren und niemand fragt: »Was ist denn in dich gefahren?«, denn niemand weiß, wie Sie auch sind. (Vorsicht: Nicht denken, niemand weiß, wie ich wirklich bin, denn Sie sind ja alles wirklich. Auch die Merkwürdigkeit ist ein Teil von Ihnen. Und zwar einer, der sich lohnt!)
- Nicht nervös werden, wenn es nicht gleich klappt. Sich selbst zu gestalten, ist ein Konzept!

- Und: Bleiben Sie dabei menschenfreundlich. Das macht Sie merkwürdig beliebt.

Astrid Lindgren erzählt übrigens schon im ersten Kapitel, wie merkwürdig Pippi doch ist. So merkwürdig, dass sich sogar ein Matrose über sie wundert, obwohl der doch bestimmt schon viel von der Welt gesehen hat:

»Ein merkwürdiges Kind«, sagte einer der Matrosen und wischte sich eine Träne aus dem Auge, als Pippi in der Ferne verschwunden war.

Er hatte Recht. Pippi war ein sehr merkwürdiges Kind. Das Allermerkwürdigste an ihr war, dass sie so stark war. Sie war so furchtbar stark, dass es auf der ganzen Welt keinen Polizisten gab, der so stark war wie sie.

Pippi war so stark, dass sie sich gegen all das stellen konnte, was sie bedrohte, nervte oder ihr nicht gut tat. Pippi kann darin unser Vorbild sein. Wie sie können wir uns stark machen und uns gegen alle Polizisten der Moral stellen oder die Einbrecher verjagen, die uns das Kostbarste rauben wollen, was wir haben: unsere Individualität!

Merkwürdigkeit macht einzigartig und unverwechselbar.

5.

Ich suche nicht, ich finde!

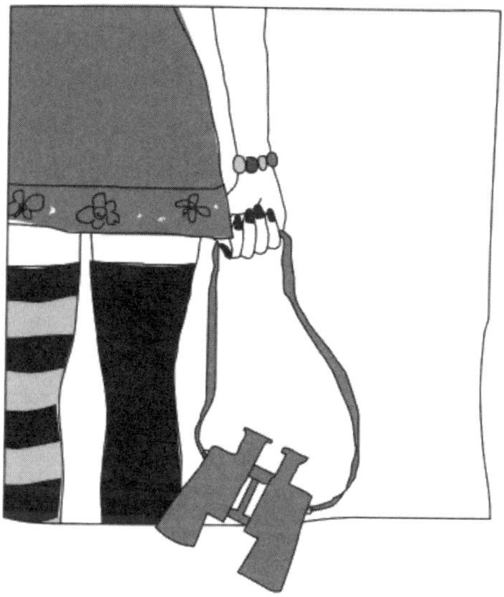

Na gut, Sie haben den Mann Ihres Lebens noch immer nicht ausfindig gemacht. Der Supergewinn im Lotto blieb höchstwahrscheinlich auch aus – und wenn Sie schon einmal auf dem Rummelplatz gewinnen, dann jedes Mal ein Kunstblumenbouquet. Ein Strauß Plastikblumen war aber das Letzte, das Sie gewinnen wollten, oder? Würde man Sie fragen, dann wäre es vielleicht der Plüschbär oder eine Zimmerpalme gewesen – am allerliebsten jedoch ein neuer Partner oder ein neuer Job oder eine neue Wohnung. Und wenn Sie weiter nachdenken, dann könnte Ihnen auch noch ein anderes Auto einfallen. Oder eine neue, unentdeckte Stelle am Badesee. Es gibt eine ganze Liste von unerledigten Bedürfnissen und Wünschen.

Sie sind auf der Suche – und das schon lange. Eigentlich schon so lange, dass die Sucherei fast ein wenig fad wird, denn Sie wissen ganz schnell und ganz genau, was Sie eigentlich brauchen. Rastlos und unruhig ziehen Sie von einer Party zur anderen oder spazieren durchs Internet. Will jemand mit Ihnen plaudern, nehmen Sie sich nur kurz Zeit, während Ihre Augen weiter auf der Pirsch sind. Sie hören und lesen nur mit halber Konzentration, denn Sie sind beschäftigt. Sie halten Ausschau! Vielleicht laufen Ihnen ja gleich ein paar neue, interessante Leute in die Arme oder Ihr Traummann reagiert auf Ihr Profil im Dating Club.

Sie sind eine Spurensucherin. Eine Schnüfflerin. Immer direkt an den Fersen. Beginnen Sie beim Lesen dieser Zeilen aufgeregt mit der Nase zu wittern? Dann ist es klar, Sie sind hier richtig.

Suchen ist Ihr Hobby ...

... und bei dieser hübschen Beschäftigung ist Ihnen eines komplett durch die Lappen gegangen: Sie haben übersehen, dass es auch das Finden gibt. Und zwar das Finden ohne Suche!

Man könnte Ihnen Brad Pitt auf den Nachttisch setzen und Sie würden ihn nicht einmal bemerken, weil er nicht auf Ihre Anzeige im Netz reagiert hatte, sondern ganz einfach da war. Oder Sie sehen ihn nicht, weil Sie zu sehr mit dem Nachdenken darüber beschäftigt sind, in welcher Bar sich die vielversprechendsten Kandidaten in Ihrer Stadt aufhalten. Welche Bar ist jetzt gerade trendy? Brad Pitt gähnt derweil und sucht sich eine andere. Und alles nur, weil Sie so blind waren, so fixiert.

Doch keine Sorge, damit sind Sie nicht allein. Ganze Menschenhorden rennen da draußen durch die Gassen, weil sie ständig etwas suchen. Schnäppchenjäger, Liebesjäger, Trendjäger. Je gezielter der Blick, desto mehr geht verloren. Tunnelblick nennt man diese Fixierung. Es gibt nur das eine, und das will erreicht sein.

Wenn Sie ein Ziel wirklich erreichen wollen, dann kann Fixierung ganz sinnvoll sein. Sie mobilisiert nämlich all unsere Energie und Konzentration. »Da vorne ist das Ziel!« ist die Botschaft die wir uns dann geben. »Los, renn und schnapp dir den Pokal.«

Dazu muss man den Preis aber erst einmal kennen. Wenn Sie Schwimmwettkämpferin sind, ist das Ziel ganz klar. Wenn Sie aber den Mann Ihres Lebens suchen, macht es wenig Sinn, auf einen loszustürzen. Kann nämlich sein, dass er der Falsche ist – und der Richtige ein paar Meter weiter steht!

Schalten Sie einen Gang zurück!

Worte wie Geduld und Ausdauer klingen heute fast schon antiquiert. Wieso warten? Wer wartet, zahlt den teuren Flug. Wer zu geduldig ist, bekommt keine Karten fürs Konzert. Wer zu lange zögert, verpasst seine Chance bei der Suche. Die Frage ist nur: Welche Suche – und wonach? Wie lange möchten Sie damit noch beschäftigt sein?

Suchen heißt:

- Zeitschriften hektisch durchblättern,
- den viel zu langsamen Computer verfluchen,
- zu spät zu kommen,
- ein Flattern in der Magengegend verspüren,
- ängstlich zu sein,
- verpassen,
- panisch zu denken, dass man das Gesuchte niemals findet.

Die meisten Menschen verzweifeln bei der Suche. Warum? Aus einem ganz einfachen Grund: Sie finden einfach nichts!

Oder waren Sie noch nie gezielt nach einem Paar Schuhe bummeln und kamen Stunden später mit rein gar nichts nach Hause? Alle Schuhläden haben Sie durchforstet, die ganze Stadt von oben bis unten durchgekämmt, aber die Sandaletten, die Sie suchten, waren nicht zu finden. Kommt Ihnen das bekannt vor?

Suchen ist extrem demotivierend, es sei denn, es handelt sich um Pilze. Wer Pilze suchen geht, der geht aber nicht allein wegen der Pilze, sondern freut sich auf den Weg. Deswegen sind Pilzsucher eben auch dann zufrieden, wenn sie mal nichts finden.

Wie Suchen zum Genuss wird

Pippi sucht in ihrem Haus ständig etwas. Verlegte Löffel oder zweite Socken. Wenn sie die nicht findet, dann greift sie nach etwas anderem. Nur nicht hibbelig werden! Ansonsten ist sie die Gelassenheit in Person, vergnügt und voller positiver Energie. Die Welt ist ihr Zuhause und sie ist darin die Königin. Ein einziger Spielplatz, wohin Pippi auch blickt!

»Was wollen wir jetzt machen?«, fragte Thomas.

»Was ihr machen wollt, weiß ich nicht«, sagte Pippi. »Ich werde jedenfalls nicht auf der faulen Haut liegen. Ich bin nämlich ein Sachensucher, und da hat man niemals eine freie Stunde.«

»Was hast du gesagt, was du bist?«, fragte Annika.

»Ein Sachensucher.«

»Was ist das?«, fragte Thomas.

»Jemand, der Sachen findet, wisst ihr. Was soll es anderes sein?«, sagte Pippi.

Ist das nicht ein wunderbares Bild des Überflusses? Die meisten Menschen entspannen bereits hier und lassen ihr Fernrohr freudig sinken. Was? Wir müssen gar nicht so gezielt sein, gar nicht suchen, weil es genug zum Finden gibt?

Ja, wenn wir dem, was wir finden, Wertschätzung entgegenbringen, dann ist selbst die rostige Konservenbüchse für kurze Zeit interessant. Kleine Erinnerung: Pippi selbst war in der Lage, überall und immer Sachen zu finden. Sie war auf das Finderglück gepolt. Nicht weil es Fortuna so gut mit ihr meinte, sondern weil es ihre Einstellung war.

Tun Sie es Pippi nach: Pippi wollte finden und fand. Pippi wollte glücklich sein und war es. Geben Sie sich nicht dem Schneller-höher-weiter hin, sondern lernen Sie, ganz alltägliche Dinge in Ihrer Umgebung wieder zu schätzen.

Schließlich lernen das auch Annika und Thomas, obwohl sie anders erzogen sind: Man muss sich anstrengen, um etwas zu erreichen – Medizin muss bitter schmecken, sonst nützt sie nichts – wenn es nichts kostet, dann ist es nichts wert.

Weil Pippi Einstellungen dieser Art viel zu beschränkend findet, erlaubt sie sich einen kleinen Überzeugungsspaß. Sie deponiert heimlich ein paar Fundstücke im Garten, unter anderem in jenem hohlen Baum, wo Thomas sie prompt und überglücklich entdeckt. Er ist überrascht, und Pippi erklärt noch einmal das Prinzip. Wenn man etwas finden will, dann muss man es nicht suchen, sondern muss allein die Augen offen halten. Etwas findet sich immer, und wenn man lange genug überlegt, dann findet sich auch noch der Sinn in dem Geschenk.

Wir waren alle einmal Sachensucher

Was Pippi im Gespräch mit Annika und Thomas so lapidar formuliert, ist einst auch Prinzip Ihrer eigenen Kindheit gewesen, als Trends, Image und Design noch Fremdwörter für Sie waren. In dieser Kinderzeit, in der Sie offene Augen und ein offenes Herz hatten, brauchten Sie nicht zu suchen, sondern waren ans Finden gewöhnt. Die Dinge waren einfach da, lagen Ihnen zu Füßen und Sie haben sich genommen, was Sie davon wollten. Mit neugierigem Blick haben Sie Ihre Funde von allen Seiten begutachtet, und jede noch so rostige Sardinendose konnte Sie verzücken. Sie spielten mit kleinen Kugeln und Steinchen, und das kleine Stück Holz, das war ein Boot. Sofort ergaben sich aus den Dingen, die da waren, neue spielerische Möglichkeiten.

Der Zauber gelang, weil Sie damals noch nicht alles »besser« wussten. Als Sie ein kleines Mädchen waren, fragten Sie nicht nach dem Wert einer Sache, kommentierten nicht gnadenlos, sondern nahmen die Geschenke des Lebens freudig an und erkannten: Zu etwas sind sie immer gut. Zum Beispiel

- zu einem Spaß,
- einer Freude,
- einem Trost,
- einer Inspiration.

Das Bouquet mit den grellen Kunstblumen vom Jahrmarkt wäre Ihnen so kostbar wie der große Plüschbär gewesen, denn Sie hätten vielleicht die bunte Hawaiikette vor sich gesehen, die Sie mit Hilfe der Blumen basteln würden.

Damals, in der Zeit, als Sie so jung wie Pippi Langstrumpf waren oder sie als Freundin bewunderten, waren nicht ständig noch aufregendere Kicks in Ihrem Leben nötig. Wozu auch? Sie besaßen ja sich selbst und lebten viel mehr im Augenblick, um genau das zu finden, was das Leben schön macht. Neue Freunde, schöne Plätze, kleine Schleckereien, Bewegung und Abenteuer – all das fiel Ihnen damals oft genau dann zu, wenn Sie bereit dazu waren. Gedanken über das Woher oder das Wohin haben Sie sich nie gemacht – es war ja da, und das reichte für Ihr Lebensglück aus. Beneidenswert unkompliziert, oder?

Aber Pippi findet nicht nur Sachen!

Stimmt, Pippilotta ist »Sachensucherin«, findet aber dabei auch noch Menschen. Wenn wir uns das Prinzip ihres Vorgehens klar machen, dann verwundert uns das nicht. Sie geht davon aus, dass es immer etwas zu finden gibt, was schön ist. Im übertragenen Sinn bedeutet das: Selbst der bekloppteste Kollege hat nette Seiten, wenn wir uns die Chance geben, sie zu finden. Wohlgemerkt: Es geht nicht darum, sie ihm zu zeigen, sondern darum, sie für uns zu finden.

Gute Schauspieler und Schauspielerinnen kennen dieses Geheimnis. Sie müssen Kollegen küssen, die sie manchmal gar nicht mögen. Wenn sie dann nichts finden, das sie beim anderen anziehend und schön finden, ist die Szene fade und wirkungslos. Sie müssen sich verlieben – und sei es in das Ohrläppchen ihres Gegenübers. Es gibt kaum einen Menschen, der nicht wenigstens eine gute Seite hat, einen Blick oder ein Verhalten, das man mag. Wenn man liebevoll und interessiert schaut, dann wird man etwas finden. Wie wunderbar, denn nun kehrt sich diese Offenheit um und schenkt zurück. Auf einmal gibt es gar nicht mehr so viele Idioten um einen herum, sondern Menschen, die verschiedene Facetten haben. Schöne, schrille, bunte, abstoßende, unklare, interessante, liebenswürdige und so weiter. Machen Sie die Probe aufs Exempel!

Übung

Erlauben Sie sich einen Tag lang eine Kollegin mit »Freundinnen-Augen« zu betrachten. Was hat sie an sich, das schön ist? Wann ist sie nett zu Ihnen? Wie reagiert sie, wenn Sie etwas Freundliches zu ihr sagen? Machen Sie sich kleine Notizen, und werten Sie diese am Abend aus. Was hat sich in den wenigen Stunden in Ihrer Beziehung verändert?

Pippi würde genauso neugierig ins Büro gehen, denn sie spaziert völlig entspannt durch ihren Tag. Sie weiß, dass die Welt voll von Überraschungen ist, die nur darauf warten, endlich gefunden zu werden. Oft handelt es sich dabei um kleine Schätze, die unbemerkt und von anderen übersehen werden, weil diese Dinge meist unaufdringlich sind und still. Wie eine verkalkte Muschel, die erst nach ein paar Tropfen Zitronensäure ihren Perlmuttschimmer offenbart.

Pippi ist nie achtlos. Sie hat den zweiten Blick, das heißt, sie sieht Aspekte, die der gehetzten Sucherin verborgen und ein Geheimnis bleiben. Ganz gleich, ob es sich um ein Schneckenhaus, eine leere Garnrolle oder einen Menschen handelt – stets sieht Pippi darin einen ganz besonderen Wert. Und ihr Nicht-Bewerten macht die Dinge erst wirklich kostbar. Sie spaziert aufmerksam und erwartungsfroh durchs Leben und dadurch entdeckt sie immer wieder etwas Neues. Im Nu verwandelt sich bei dieser Herangehensweise ein altes Plastikding in ein Geschenk, und selbst mit so braven Kindern wie Thomas und Annika lassen sich Abenteuer erleben.

Anstrengendes Suchen macht blind

Wer immer nur nach dem Regenbogen sucht, wird auf die Dauer gar nichts finden.

Die Frau, die nach dem Traummann Ausschau hält, entdeckt nicht, dass er bereits neben ihr steht. Sie sieht nicht seinen verborgenen Glanz, weil sie sich vielleicht auf bestimmte Klamotten oder andere Äußerlichkeiten programmiert hat.

Wenn wir unsere Vorstellungen von dem, was wir zu finden wünschen, zu konkret formulieren, wenn wir dem Glück vorschreiben wollen, wie es auszusehen hat, dann schlagen wir ihm damit die Tür vor der Nase zu. Es kommt dann mit seinen Angeboten und wir mäkeln daran herum: »Nein, so will ich den Apfel nicht, er ist ja rot und gar nicht grün«, dabei ist der rote aromatischer und süßer. Immer, wenn wir zu genau wissen, was wir wollen, sind wir nicht mehr bereit, das anzunehmen, was das Leben uns schenken möchte. Die Spirale unserer Ansprüche und Erwartungen führt uns am Wesentlichen des Lebens vorbei.

Vorsicht Falle: der eigene Anspruch

Mein Anspruch ist ...
Für mich muss ...
Ich brauche auf jeden Fall ...

Kennen Sie diese Satzanfänge? Sie sagen nichts anderes aus, als dass Sie sich bereits festgelegt haben – Sie haben Ihren Anspruch fest deklariert. Position beziehen ist zwar eine gute Sache, noch besser ist es aber, diese Position immer wieder zu hinterfragen. Nun wird es spannend, denn Sie müssen dafür Sachensucherin in der eigenen Psyche werden. Wie kommen Sie auf diesen Anspruch? Wie festgelegt sind Sie, und wenn Sie sich eine Skala auf ein Blatt malen, um wie viel Punkte sind Sie in der Lage, den eigenen Anspruch zu verrücken?

Ansprüche zu stellen hat man uns gelehrt und lehrt man uns noch immer. Ständig lesen oder hören wir, was wir besser machen könnten und welche Zutaten ein wirklich glückliches Leben braucht. Nicht nur die Werbung versucht uns zu manipulieren und zu beeinflussen, auch unser Partner, unser Kind, unsere Eltern und die Nachbarn. Jemand will, dass wir etwas tun, und versucht uns auf verschiedenen Wegen dazu zu überreden. Diese Beeinflussung ist weder schlecht noch gut. Sie ergibt sich im täglichen Miteinander. Wichtig ist nur, dass Sie sich über diese Einflüsse klar werden. Betrachten wir uns die Werbung, so könnte es sich hier häufig um eine Manipulation handeln, die nichts anderes im Sinn hat, als Sie dazu zu bewegen Ihren Geldbeutel aufzumachen. Und was ist mit diesem Buch? Es ist auch eine Beeinflussung im weitesten Sinne. Wir wollen nämlich auch etwas, und zwar, dass Sie vergnügter und in Pippilottastrümpfen durchs Leben gehen. Nur der Vorteil für uns ist nicht so ersichtlich: Haben wir etwas davon? Vielleicht, wenn Sie uns einmal eine Karte oder ein paar Pralinen schicken.

Wichtig ist, dass wir die Ansprüche, die wir uns durch den Einfluss anderer zu Eigen machen, überprüfen. Wann nützt und schützt ein Beharren auf gewissen Maximen – wann hemmt es uns? Und verwechseln Sie hohe und komplizierte Ansprüche nicht mit Besonders-Sein, denn im Zweifel ist es nur unflexibel und anstrengend für andere. Wenn Sie eine Freundin haben, die weit gereist ist, dann werden Sie ihr vielleicht glauben, dass anspruchsvolles Haar Spülungen mit Kokosmilch braucht. (Bitte probieren Sie das nicht aus! Es ist nur ein Beispiel.) Sie denken sich dann, Maria muss das wissen, denn sie war schon in Kanada und auf Hawaii, und anspruchsvolles Haar habe ich auf jeden Fall, weil ich nämlich anspruchsvoll bin. Anspruchsvoll zu sein, wertet auf!

Es ist gefährlich, wenn wir Sätze, die von außen kommen, unüberlegt auf unser Leben übertragen. Irgendwann hecheln wir dann überzogenen Ansprüchen hinterher. Nicht Medien und Mitmenschen tragen die Schuld, sondern wir!

Verkäufer versuchen immer ihr Glück und schmücken eine Manipulation mit etwas Sahne:

- Ayurvedisch kuren – das sind Sie Ihrer Gesundheit schuldig! Hier gibt es Tickets nach Sri Lanka und schuldig sind Sie uns dann auch noch etwas.
- Ein altes Landgut in der Toskana ist die einzige Perspektive für das Alter! Wunderbar – schnell die nächste Bank gesucht, die dabei hilft, sich lebenslänglich zu verschulden und ab ins Dolce Vita.
- Diese Kosmetik? Na klar ... weil Sie es sich wert sind.

Ansprüche können wunderbare Kompassnadeln sein, aber nur dann, wenn Sie auf Ihre ureigenen und wirklichen Bedürfnisse zeigen. Erst dann macht Ihre Suche Sinn und es besteht die Chance etwas zu finden.

Wie findet man heraus, was man wirklich will?

Wir brauchen alle viel weniger, als wir im ersten Augenblick meinen. Die wichtigsten Dinge im Leben lassen sich auf ein paar Zeilen reduzieren:

- Ein Dach über dem Kopf,
- etwas zu essen,

- einen Beruf, der uns gefällt,
- Freunde mit einem offenen Herzen,
- einen Partner, der uns aufrichtig liebt,
- körperliches und seelisches Wohlbefinden,
- den kleinen Luxus nebenbei.

Können Sie bei allen Punkten zufrieden nicken, dann sind Sie eine glückliche Frau. Gibt es Punkte, die noch nicht ganz erfüllt sind, dann sind Sie gerade auf dem Weg, daran etwas zu verändern.

Werbung und Menschen, die etwas von Ihnen wollen, werden Ihnen sagen, dass das nicht reicht, sondern dass Sie mehr brauchen. Doch wenn Sie nun gleich die Augen schließen, um in sich hineinzuspüren, werden Sie bald merken, dass sowohl Glück als auch Zufriedenheit oft auf dem kleinen Weg zu finden sind.

Übung

Nachdem Sie die nächsten Zeilen gelesen haben, legen Sie sich hin und schließen Sie die Augen. Spüren Sie in Ihren Körper hinein. Wie liegen Sie? Wenn Geräusche zu hören sind – schieben Sie diese weg. Wenn Gedanken kommen – vereinbaren Sie mit sich, dass Sie später darüber nachdenken. Jetzt sind Sie entspannt und müssen nicht aktiv sein. Fragen Sie sich mit ganz schlichten Worten: »Was macht mich glücklich?« Lassen Sie die Bilder, Farben und Töne auftauchen. Wenn Sie ein Lächeln auf Ihrem Gesicht spüren, dann sind Sie Ihrem Glück sehr nahe. Merken Sie sich das Bild, den Geruch, die Musik. Tauchen Sie in die Farben, den Traum ein. Schwimmen Sie in diesen Gedanken und Traumbildern. Wenn Sie wieder auftauchen möchten, öffnen Sie die Augen, räkeln Sie sich und malen oder schreiben Sie auf, was Ihnen Ihr Unterbewusstsein eben erzählt hat.

Sie werden erstaunt sein, wie einfach es ist, glücklich zu sein. In all unseren Seminaren hat noch nie eine Frau bei dieser Übung ein Paar Schuhe von Prada gemalt oder von einer Shopping-Tour nach London erzählt.

In der Regel sind es Gedanken an Menschen oder Momente in der Natur, die uns glücklich machen. Menschen und Natur sind ganz leicht zu finden! Sie müssen sich nur auf den Weg machen.

Stellen Sie sich auf die Begegnung mit dem Glück ein. Sie sind auf positive Begegnungen und Überraschungen gepolt.

Finden Sie Ihr Glück in den einfachen Dingen des Lebens, indem Sie mit sich die Vereinbarung treffen, ab jetzt aufmerksam zu sein und mit dem Finden zu rechnen.

Jeder noch so unbedeutende Augenblick kann voller Wunder und Überraschungen sein. Mit dieser Aussicht wird das Klingeln des Weckers zum Zauberglockenklang für die Entdeckungsreise in einen neuen Tag!

Für Pablo Picasso war das ein Credo. Es inspirierte ihn nicht nur, sondern dank dieser Lebenseinstellung war er in der Lage, mit offenen Augen durchs Leben zu gehen und in seinen Werken Unsterblichkeit zu erlangen. Es war ihm schlichtweg egal, was Konventionen, andere Menschen, die Gesellschaft oder anfangs kritische Kunstkenner zu seiner Arbeit sagten – er war sich einfach seiner ganz persönlichen Funde sicher.

Pippi und Picasso – zwei Charaktere, die auf den ersten Blick unterschiedlicher kaum sein können. Fiktion die eine, tatsächliche Vergangenheit der andere; laut, frech und menschenfreundlich das schwedische Mädchen, laut und gleichzeitig schwierig im Umgang mit Menschen und eitel der spanisch-französische Künstler. Und dennoch sind sie sich so ähnlich auf dem Weg ihres Erfolges, denn beide gaben den Überraschungen des Lebens Raum, begriffen jeden Tag als Chance und verstrickten sich nicht in einer aussichtslosen Sucherei nach etwas Besserem. Wer Ostereier finden will, muss daran glauben, dass es für ihn welche gibt.

Das Schönste an dieser neuen Lebenseinstellung ist, dass Sie damit sofort beginnen können. Ihre kleine Meditation kann dafür ein Anfang sein. Jetzt wissen Sie, dass es nicht um neue Kleider, Geräte, Schmuck und teure Clubmitgliedschaften geht. Das Glück möchte nur, dass Sie neu denken, dann klingelt und klopft es häufiger an Ihre Tür.

Machen Sie den Test!

Blicken Sie sich jetzt sofort in Ihrer Wohnung um. Was ist Ihnen schon lange nicht mehr aufgefallen und möchte von Ihnen neu entdeckt werden?

Na? Schon etwas gefunden? Es ist ein Wunder, wie schnell wir fündig werden, wenn wir uns aufs Finden einstellen. Sehr schnell fallen uns Dinge auf, die wir lange übersehen haben. Und so wird der Alltag zum Rummelplatz.

Neue, alte, naheliegende und übersehene Menschen, Gegenstände und Situationen tauchen wie durch Zauberhand auf und erscheinen in einem neuen und sehr interessanten Licht.

In den letzten Minuten haben Sie sich Ihre alte Kinderneugier zurückerobert und Geist und Augen geklärt. Erinnern Sie sich immer wieder daran, die Welt zu betrachten und die Wunder, die sich zeigen möchten, nicht durch Erwartungen zu ersticken. Wenn Sie sich von Pippi an die Hand nehmen lassen, dann werden Sie durch den Tag spazieren. Sie werden mal hier blättern, mal dort stehen bleiben und da hinhören, und Sie werden schmunzeln, weil Sie schon wieder etwas entdeckt haben. Das macht Spaß und ist aufregend!

Pippilottas

- sind Abenteurerinnen,
- entdecken tagtäglich neue Chancen,
- empfinden sich als Menschenfreundinnen,
- erkennen die kleinen und großen Geschenke des Alltags.

Es ist ein leichter Gang und kein gebücktes Suchen. Als Überschrift finden Sie die Worte »Ja, ich will!« und kein skeptisches »Na, mal sehen«.

Die besten Sachen finden sich oft ganz in der Nähe.

Ziehen Sie ein paar Schubladen Ihrer Kommode auf, Sie werden erstaunt sein, was Sie alles besitzen! War Ihnen eigentlich klar, dass ausgerechnet die junge Nachbarin von oben drüber wie Sie morgens durch den Wald spaziert? Kennen Sie das Glücksgefühl, wenn man mit einem kitschigen Roman in der Hand einen ganzen Nachmittag an sich vorbeiziehen lässt? Oder können Sie sich vorstellen, wie es wäre, den zurückhaltenden, aber attraktiven Kollegen anzulächeln und abzuwarten, was dadurch passiert? Beginnen Sie Ihre unmittelbare Umgebung genauer zu betrachten.

Fahrschule für neue Verhaltensweisen

Wenn wir versuchen, ein neues Verhalten zu erlernen, dann ist das ein wenig so wie es war, als wir den Führerschein machten. Anfänglich fuhren wir holprig und der Wagen soff uns ständig ab. Dann mit der Zeit wurde das Fahren flüssiger, und irgendwann dachten wir beim Schalten nicht mehr nach. Es klappte, wir fuhren so einfach vor uns hin. Wenn Sie sich nun also eine neue Denktechnik zulegen möchten, dann fangen Sie mit kurzen Fahreinheiten an. Beschließen Sie immer mal wieder, möglichst zweimal pro Woche, eine Stunde »Finderin« zu sein. Registrieren Sie, was es alles zu entdecken gibt. Damit Sie Ihre Fahrstunden nicht vergessen, sollten Sie sich eine kleine Erinnerung in die Wohnung hängen. Wie wäre es mit einem Bild von Pippi? Wann immer Ihr Blick auf das Bild fällt, heißt es sich zu erinnern. Wann gehen Sie wieder finden? Was haben Sie schon gefunden? Mit der Zeit werden Sie Ihren Blick immer deutlicher auf die Gewinne des Lebens polen und nicht mehr auf die Suchanzeigen.

Der erste Schritt der Veränderung ist, etwas verändern zu wollen. Zu erkennen, dass es im eigenen Leben einen Handlungsbedarf gibt und Sie etwas mehr Licht, Liebe und Farbe wollen. Mit diesem Kapitel haben Sie den Anlauf für die erste Hürde genommen. Jetzt müssen Sie nur noch springen – und das werden Sie ganz sicher schaffen!

Man muss mit allem rechnen. Ganz besonders mit dem Schönen!

Je deutlicher und bewusster Sie Ihre veränderte Herangehensweise ans Leben wahrnehmen, desto größere Fortschritte werden Sie im Finden machen. Viele Menschen, besonders Frauen, schreiben gerne ihre Erfahrungen auf. Sie führen ein Tagebuch, dem sie sich anvertrauen. Wenn Sie bereits ein Tagebuch führen, dann wissen Sie, wie viel Ärgerliches und Trauriges darin verzeichnet ist. Es erleichtert einen, Kummer aufzuschreiben. Wie wäre es also auch mit einer Tagebuch-Veränderung? Benennen Sie Ihr Tagebuch um in ein Glückstagebuch. Berichten Sie von Ihrem Glück und davon, was Sie alles tagtäglich finden. Jeden Tag! Sie werden sehen, wie Sie auch sich selbst immer positiver wahrnehmen und an Selbstvertrauen zusehends gewinnen. Wir vermehren das, worauf wir uns konzentrieren!

- Schreiben Sie jeden Tag auf, was Sie gefunden haben. Das kann ein Moment des Glücks gewesen sein, ein Lächeln, ein Vogelzwitschern, eine Feder auf dem Weg oder ein Spruch, der Ihnen ins Auge sprang oder den Sie hörten.
- Markieren Sie diese Geschenke des Lebens farbig, und stöbern Sie immer wieder darin.
- Überprüfen Sie nach einigen Tagen oder Wochen Ihren neuen Blick: Hat sich etwas verändert? Was machen die Fahrstunden? Sie sollten weiter trainieren, denn Ziel ist es auch, in der Gefühlswüste fahrsicher zu sein.
- Notieren Sie am Ende eines jeden Tages, was Ihnen an sich selbst besonders gut gefallen hat, was Sie bei sich entdeckten.
- Schreiben Sie auch auf, wenn ein Mensch Sie beschenkt. Oft bekommen wir das Lächeln eines anderen gar nicht mehr mit oder verbuchen die Tasse Kaffee unserer Kollegin als »selbstverständlich«.

Vertrauen Sie aufs Glück

Das Leben mag Sie, auch wenn es das manchmal merkwürdig zeigt. Es gibt Momente, die passen scheinbar gar nicht zu dem Wörtchen »Glück«. Wir können uns nicht immer aussuchen, auf welche Weise uns das Leben beehrt. Versuchen Sie ab jetzt, das Beste aus allem zu machen, das heißt, wenn es quer und schwierig läuft, fragen Sie sich: »Was habe ich daraus gelernt?« Krisen sind oft sehr lehrreich und gestalterisch. Kennen wir nicht alle die alten Redewendungen »Irgendeinen Sinn wird es schon haben« oder »Wer weiß, wofür es gut ist?« Manchmal sind diese verborgenen Lehren nicht leicht zu entdecken. Es tut zu weh. Aber dann, mit der Zeit und mit dem Willen, den Schatz zu bergen, entdecken wir, wozu es gut war. Wenn wir diesen Sinn gefunden haben oder uns klar ist, was wir nun besser verstehen oder können, verwandelt sich das Grau ganz langsam in ein Bild mit Gold. Es wird nicht nur glänzen, aber es wird ein paar goldene Sprengsel zeigen und für uns an Wert gewinnen. Wenn Sie diesen Rückblick schaffen, dann gibt es keine schlechten Zeiten mehr, sondern nur noch Situationen, die vielleicht anstrengend waren, die uns jedoch weiterbrachten.

Und wenn sich nichts findet?

Es gibt aber auch Tage, an denen einfach gar nichts läuft. Das sind dann diese Nervtage, die wir alle kennen. Meist kündigen sich diese Fettnäpfchen- und Stolperzeiten schon am frühen Morgen an. Es klappt gar nichts. Die Zahnpasta ist leer, das Brötchen trocken, der Joghurt abgelaufen ... Wo ist hier der tiefe Sinn versteckt, denken Sie sich angesäuert. Das sind Tage, die von dem Gefühl gekennzeichnet sind, dass »heute einfach gar nichts klappen kann!«. Das sagen Sie sich immer wieder. Und zwar ständig. Mit jedem weiteren Missgeschick denken Sie sich: »Siehst du!« Nach jedem blöden Kunden kommt ein: »Das war ja wohl klar.« Und abends berichten Sie einer Freundin siegessicher, dass Sie schon am Morgen wussten, dass dieser Tag ein Reinfall wird. Natürlich wird er das! Denn Sie haben sich ja darauf programmiert. Egal, was du mir Gutes bringst, lautete die Abmachung, die Sie getroffen haben, ich werde mich weigern, es zu sehen. Da wir aber finden, was wir finden wollen, war Ihre Arbeit für diesen Tag perfekt. Eigentlich sollten Sie sich auf die Schulter klopfen, wie gelungen Sie Ihre eigene Sichtweise bereits schon programmieren können. Nur leider in die falsche Richtung!

Auch Thomas ist anfänglich ein eher gehemmter »Sachenfinder«. Seine Ansprüche sind zu hoch, seine Erwartungen falsch, seine Vorstellungen vom möglichen Fundort weit von der Realität entfernt. Denn während Pippi einfach irgendetwas finden möchte, will er einen Goldklumpen. So geht das Finden nicht.

Pippi sorgt dafür, dass er etwas findet – und schon bekommt er einen neuen Blick. Seien Sie an trüben Tagen also eine kluge Pippilotta und beschenken Sie sich selbst! Nicht nur, um sich zu verwöhnen, sondern damit Sie lernen, immer mehr an Ihr Glück zu glauben:

- Gehen Sie beim Luxus-Italiener um die Ecke essen.
- Verbringen Sie einen Nachmittag faul auf der Wiese im Stadtpark.
- Genießen Sie ein heißes Bad mit ätherischen Ölen.
- Gönnen Sie sich wirklich gute Schokolade.
- Schenken Sie sich rote Rosen.
- Finden Sie Glücksklee (im Topf).

- Lesen Sie einen Roman, der Sie entführt.
- Rufen Sie eine alte Freundin an und entdecken Sie, was Sie verbindet.
- Kaufen Sie sich einen Ring, der ein Symbol dafür ist, wie gerne Sie sich selbst haben.

Sich selbst etwas zu schenken, kann ein guter Anfang sein, auch andere Geschenke zu sehen. Sie polen sich um. Es ist das gleiche wie mit der leeren Zahnpasta, aber die Vorzeichen sind anders. Vielleicht probieren Sie auch aus, was sich verändert, wenn Sie die Geschenke, die Sie sich selbst machen, hübsch verpacken lassen. Daheim können Sie sich dann beim Auspacken noch mal freuen. Das ist doch etwas anderes, als ein Pullover aus der Tüte! Sie zeigen sich damit, dass Sie für sich wertvoll sind und Lust auf ein wenig Spaß haben. Sich selbst etwas zu schenken und verpacken zu lassen, ist wie ein kleines Augenzwinkern. Beim Auspacken überrascht zu sein, zeigt, dass Sie eine wirklich vergnügte Finderin sind! Etwas findet sich immer! Und manchmal sind es lang ersehnte Sachen.

»Heute scheint mein Glückstag zu sein«

Was Pippi nach dem Fund einer alten Garnrolle jubelnd feststellt, sollte in Zukunft auch regelmäßig zu Ihrem Lebensgefühl gehören. Lernen Sie, sich so richtig über einfache Dinge zu freuen! Geht nicht, glauben Sie? Falsch! Echte Freude kommt zwar von Herzen – doch auch dort muss zunächst einmal der Nährboden für dieses Gefühl vorhanden sein. Und diesen Nährboden gestalten Sie mit Ihrer Bereitschaft, Dinge immer wieder neu zu betrachten, mit Ihrer Toleranz anderen Menschen und Meinungen gegenüber – und mit Ihrer inneren Sicherheit, Ihren eigenen Wert zu kennen, also auch all jene schönen Dinge des Lebens, die Ihrem Selbstwert und Ihrem Selbstbewusstsein gut tun. Notieren Sie in der folgenden Liste fünf Dinge, über die Sie sich besonders freuen.

Hier ist Platz für Ihren Jubel:

1. ____________________
2. ____________________
3. ____________________
4. ____________________
5. ____________________

6.

Wie erleichternd es ist, nicht perfekt zu sein

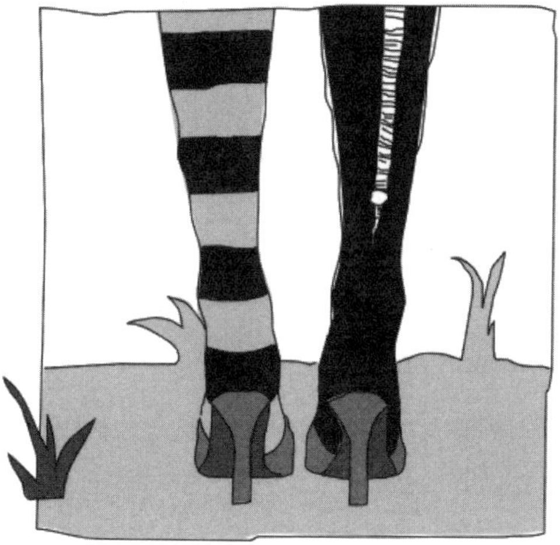

Eine Pippi, die ständig versucht 120 Prozent Leistung zu erbringen, wäre niemals so berühmt geworden. Wir hätten nach wenigen Seiten das Buch zugeklappt, weil uns ihre Superergebnisse gelangweilt hätten. Menschen, die 120-prozentig sein wollen, kennen wir genug, da brauchen wir nicht noch eine Romanfigur, die uns zeigt, was das bedeutet (Stress, Stress und noch mal Stress!).

Was uns an Pippi fesselt, ist ihre Unvollkommenheit und Lockerheit. Wenn Pippi etwas macht, dann nimmt sie es im Zweifelsfall nicht so genau mit Daten und Fakten. War es jetzt rechtsherum oder linksherum? Egal, irgendwie geht alles im Kreis, und man kommt doch so oder so ans Ziel. Für sie zählen ganz andere Dinge als genaue Ortsangaben. Pippi ist locker und lässig, Verkrampfungen sind ihr verhasst. Zu enge Schuhe machen unbeweglich, deswegen nimmt sie lieber eine Nummer größer und es ist ihr herzlich egal, dass sie ab und zu darüber stolpert. In ihrer Welt hat alles einen Sinn, wenn man sein Auge dafür schärft! Umwege erhöhen die Ortskenntnis, und verfehlte Chancen machen Platz für noch bessere Gelegenheiten. Wenn Pippi stolpert, steht sie wieder auf und beginnt von vorne. Sie pfeift auf das, was andere sagen.

Mit Ignoranz oder ungesundem Selbstbewusstsein hat Pippis Denken und Handeln nichts zu tun. Sie ist weder hochnäsig noch Egozentrikerin. Wenn wir Pippi beschreiben müssten, dann würden uns Wörter einfallen wie:

- ein bisschen durchgeknallt,
- total ehrlich,
- hat Zivilcourage,
- lacht gerne,
- ist frei,
- und macht was sie will, ohne dabei jemandem zu schaden.

Und auch hier können wir uns wieder etwas von ihr abschauen, denn Pippi zeigt nicht nur ihre Stärken, sondern steht auch zu ihren Schwächen. Sie ist ganz in sich, nimmt sich an und nörgelt nur gelegentlich an sich herum. Das ist die Magie, die sie umweht und darin liegt ihre Kraft. Nie wäre es ein Ziel von ihr, alles korrekt und perfekt zu machen.

Schwäche zeigen bedeutet Stärke! Wer zu seinen Fehlern und zu seinem Nichtwissen steht, vermittelt Größe und die angenehme Bereitschaft, auch andere Menschen mit ihren Fehlern anzunehmen.

Aber auch Pippi ist diese positive Grundhaltung nicht in den Schoß gefallen. Sie musste durch eine bestimmte Erfahrung durch. Erinnern Sie sich?

Pippi wird eines Tages von Thomas' und Annikas Mutter zum Kaffeekränzchen eingeladen.

»Kaffeekränzchen – ich?«, rief Pippi und wurde so nervös, dass sie anfing, Thomas zu begießen statt des Rosenstrauches, der eigentlich gemeint war. »Oh, wie soll das werden! Hu, wie nervös ich bin! Stellt euch bloß vor, wenn ich mich nun nicht benehmen kann!«

»Aber das kannst du bestimmt«, sagte Annika.

»Sei nicht so sicher«, sagte Pippi. »Ich versuche es, das darfst du mir glauben, aber ich hab schon viele Male gemerkt, dass die Leute finden, ich könnte mich nicht benehmen ...«

Pippi hat Sorgen. Möglicherweise wird sie auffallen, schlecht am Tisch sitzen, aber sich ganz sicher falsch benehmen. Als das Kaffeekränzchen naht, takelt sie sich wie eine angestaubte Lady auf. Sie ist unsicher, verklemmt und will mit der Kostümierung vortäuschen, sie käme aus besserem Hause. Als sie am Tisch sitzt, benimmt sie sich jedoch ganz anders. Sie reißt nicht nur die Unterhaltung, sondern auch die Torten an sich, quasselt ungeniert über dies und das, fällt ins Wort, ist unecht und damit richtig unsympathisch. Als das Kränzchen zu Ende ist, fühlt sich Pippi traurig und verstört. Das, was ihr gelingen sollte, hat sich ins Gegenteil verkehrt. Sie wollte alles richtig machen und hat sich dabei komplett danebenbenommen. Beim Abschied kullern ihr die Tränen aus den Augen, und mit leiser Stimme versucht sie sich zu entschuldigen. Aber dann singt sie bereits wenige Minuten später auf dem Heimweg wieder fröhlich vor sich hin und baut Gesprächsfetzen der anderen Damen in ein geträllertes Liedchen ein. Was ist passiert, und wie ist dieser Gefühlsumschwung nur möglich?

Nun, genauso wie Pippi weiß, dass ihr Auftritt gerade etwas daneben war, genauso ist sie auch mit sich zufrieden. Sie hat eine für sie selbst ungewohnte und auch ein bisschen beängstigende Situation gemeistert. Nicht perfekt, aber immerhin ist sie damit durchgekommen und weiß nun auch, was sie zukünftig besser machen kann. Feine Dame spielen, mit einem Hut, so groß wie ein Mühlrad, deutlich mit Kohle geschwärzten Augenbrauen, rotem Mund und roten Fingernägeln, dazu ein Ballkleid und grüne Schleifen an den großen Schuhen ... Pippi findet, dass so eine wirklich feine Dame aussieht, und so geht sie später auch auf den Jahrmarkt. Diesmal hat die Verkleidung jedoch nicht gepasst. Ihre Löwenmähne ist zu aufdringlich, aber Pippi hat aus der Situation etwas gelernt. Das genügt ihr, um trotzdem mit einem insgesamt positiven Gefühl aus der Angelegenheit herauszuspazieren. Kein Gejammer über verschüttete Milch, sondern eher die Erkenntnis, wie man in Zukunft das Kännchen besser hält. Das ist doch schon mal was!

Pippi hat sich ganz deutlich dafür entschieden, dass sie trotz allem, und im Rahmen ihrer Möglichkeiten, gut war! Perfekt ist anders – aber das muss sie auch nicht sein. Spaß und Unterhaltung scheuen Perfektionismus wie ein Vampir den Knoblauch. Vergnügen und Freude am Leben stehen auf Pippis Bedürfnishitliste aber ganz oben. Sie wird alles dafür tun, damit sie gute Laune hat.

Anstatt also, gebeugt vor Scham, das Haus nicht mehr zu verlassen, zählt für Pippi der morgige Tag. Was wird sie tun? Was erleben? Und schon schmiedet sie wieder Pläne.

Das ist nur ein Kinderroman? Und im richtigen Leben kommt es eben auf Vollkommenheit an, sagen Sie?

Übertriebener Perfektionismus

Sind wir doch einmal ehrlich: Finden wir Perfektion gut? Sicher, ein Möbelstück, ein Diamant oder ein Auto dürfen perfekt sein. Aber das sind Dinge, die wir anschauen und für die wir bezahlen. Wert gegen Wert. Aber ein Mensch? Als kleine Mädchen hätten wir enttäuscht das Buch zugeklappt, wenn bei diesem legendären Kaffeekränzchen alles geklappt hätte. Sauberer Mund, saubere Finger, bitte, danke und auf Wiedersehen. Und erst die langatmige Konversation …

Hätte sich Pippi so normgerecht benommen, hätte kein Grund bestanden, auch nur eine Zeile zu schreiben. Das, was unser Interesse weckt und uns in fröhlicher Erinnerung bleibt, ist das Unvollkommene und die Überraschung. Und ein Stück Unvollkommenheit hat sich jede von uns bewahrt. Gott sei Dank!

Beispiel: In der Marketingabteilung eines großen Kosmetikunternehmens teilen sich zwei junge Frauen die Leitung: Ilka, 32 Jahre, und Jeanette, 31 Jahre. Beide Frauen werden von ihren Mitarbeitern als ausgesprochen kompetent beschrieben. Nach einem BWL-Studium mit Fachrichtung Marketing haben beide zuvor in unterschiedlichen Branchen gearbeitet und dabei viel Wert auf Fort- und Weiterbildung gelegt. Und sie machen ihren Job entsprechend gut: Seit sie Hand in Hand arbeiten, sind die Umsatzzahlen des Unternehmens noch einmal gestiegen. Eigentlich könnten beide stolz auf sich und ihre Leistung sein, gäbe es da nicht Ilkas Hang zum Perfektionismus. Sie geht damit nicht nur Jeanette, sondern auch vielen anderen Kollegen auf die Nerven. Zum Firmenjubiläum präsentierte sie beispielsweise eine vorbildlich vorbereitete und einstudierte Powerpoint-Präsentation, umrahmt mit rhetorisch auf den Punkt gesetzten Pointen – ihre Gestik stimmt natürlich auch. Wie eine Marionette stand sie auf der Bühne. Hob hier ein Ärmchen, sagte da einen Satz, und ein gelungenes Späßchen sollte die Sache abrunden. Gut ausgedacht, keine Frage, nur leider in der Umsetzung einstudiert, ohne persönliche Facetten: ganz einfach zu perfekt!

Jeanette hingegen hatte die undankbare Aufgabe, den Abteilungen zu erklären, was für Veränderungen und Einsparungen geplant sind. Ganz im Gegensatz zu Ilka erhielt sie engagierte Zurufe und Applaus. Dabei lief nichts so, wie es eigentlich sollte: Das Mikrofon war für sie viel zu niedrig eingestellt, ihre Präsentationsfolien waren dummerweise nicht in der korrekten Reihenfolge, und dann blieb sie bei einem Gedanken auch noch hängen. Ein Albtraum? Weit gefehlt! Während Ilka nach ihrem Vortrag einen formellen Dank vom Vorsitzenden bekam, erhielt Jeanette ein großes Lob, für das sie sich strahlend bedankte. Trotz der anstrengenden Thematik wurde dank der lockeren Atmosphäre auch gelacht, und das brachte alle Teilnehmer einander näher.

»Dieses Unternehmen lebt«, hätte der Vortrag von Jeanette heißen können, während bei Ilka »Eine Folie spricht« als Überschrift gestanden hätte.

Wieso hat ausgerechnet Jeanette, bei der nicht alles klappt, die Kollegen auf ihrer Seite? Dies ist eigentlich ganz logisch. Da Jeanette mit Pannen offen umgeht, hat niemand vor ihr Angst. Sie steht mit allen anderen Teilnehmern auf einer Stufe und schafft so emotionale Nähe – die beste Grundlage für ein harmonisches und positives Miteinander. Für sie ist die Botschaft wichtig, und in die legt sie ihre ganze Energie – da kann es eben sein, dass der Rahmen ab und zu nicht perfekt ist.

Ilka hingegen erzeugt mit ihrem Auftritt häufig Distanz: Ihre Gesten wirken einstudiert und sind es auch. Zahlreiche Rhetorikseminare lassen grüßen, und ihr Lächeln ist verkrampft. Das Schlimmste daran: Sie fühlt selbst, dass sie so wirkt. Aber Ilka weiß nicht, wie sie sich lockerer verhalten könnte, denn lockerer könnte fehlerhaft bedeuten, und genau das will sie unter keinen Umständen sein. Die Folge: Eigentlich fühlt sich Ilka im Umgang mit anderen Menschen weiter unzulänglich und unsicher, was dazu führt, dass ihr Drang zum perfekten Auftritt noch viel größer wird. Ein Teufelskreis, der schwer zu durchbrechen ist.

Perfektionismus und Bildung

Häufig lassen wir uns auch verunsichern, was unseren Wissensstand angeht, und fühlen uns dumm und ungebildet, weil wir einen Maler nicht kennen, die neueste Ausstellung oder einen preisgekrönten Film. Vielleicht entspannt es Sie in dieser Hinsicht etwas, wenn Sie sich ab und zu Pippis Ausspruch »Zu viel Gelehrsamkeit kann selbst den Gesündesten kaputtmachen« ins Gedächtnis rufen.

Dabei geht es mitnichten um Bildungsfeindlichkeit, sondern darum, sich aus dem riesigen Angebot das herauszupicken, was einen persönlich bereichert, und zuzulassen, dass man nicht auf allen Gebieten Experte werden kann. Pippi hat ganz schnell begriffen, dass sie sich aus der Schule nicht viel macht und sie diese Bildungsinhalte nicht benötigt:

»Jedenfalls«, sagte Thomas, nachdem Pippi den Brief weggelegt hatte, »waren eine ganze Menge Fehler in dem Brief, den du geschrieben hast.«

»Ja, du solltest doch in die Schule gehen und etwas besser schreiben lernen«, sagte Annika.

»Na danke«, sagte Pippi, »das hab ich einmal einen ganzen Tag lang getan, und da hab ich so viel Weisheit in mich reinbekommen, dass mir jetzt noch der Kopf brummt.«

Nun ist Pippi eine literarische Kunstfigur, wie aus einem Märchen – und genau so müssen wir die Aussage der Geschichte auch sehen. Es gibt natürlich Dinge, die sind zu lernen, auch wenn sie langweilig sind. Das heißt, wir müssen erst in die Fahrschule, wollen wir mit dem eigenen Auto nach Italien brettern. Schilder und Verkehrsregelung sind sicher nicht das lustigste, was die Welt zu bieten hat. Dennoch müssen wir uns auskennen. Und leider ist es uns auch nicht erlaubt, unseren Bruder oder unsere Schwester für uns in die Schule zu schicken, so wie es Pippi von den Kindern in Argentinien erzählt.

Aber wie sieht es mit den anderen »Äpfeln, Igeln und Schlangen« aus, die nicht nur Pippi, sondern auch uns ganz schwindlig machen? Diese für uns vielleicht überflüssigen Lernangebote? Was das angeht, können wir uns entscheiden. Wir dürfen für uns selbst herausfinden, was wir lernen möchten, was uns wissenswert erscheint und auf welches Wissen wir gerne verzichten wollen. Eine Lücke bleibt eben hin und wieder offen.

Perfekte Menschen oder Menschen, die es allen Recht machen wollen, in dem sie auf alles einsteigen, sind oft sehr unsicher. Sie haben Angst, ein »Nein« könnte andere vergraulen. Pippi vertraut auf ihren Instinkt. Sie ist sich sicher, dass sie erkennt, wer ihr Freund ist und was sie an Wissen braucht.

Wenn Pippi sagt, dass »zu viel Gelehrsamkeit selbst den Gesündesten« kaputtmacht, dann beschreibt sie diesen besonderen Zustand der Angst vor Ärger und Vereinsamung. Aus Furcht vor möglichen Konsequenzen vergessen diese Menschen ganz sich selbst. Sie achten nicht mehr auf ihre Bedürfnisse und Gefühle und nehmen nicht mehr wahr, dass Nichtwissen keine Schande ist. Denn: Wenn ich etwas nicht weiß, kann ich es doch noch lernen oder mir von anderen zeigen lassen. So gesehen geben wir anderen Menschen eine Chance, auch uns einmal etwas zu erklären.

Gehen Sie spielerisch an Bildung und Wissen heran

Wie ist es mit den Menschen in Forschung und Wissenschaft? Sind die nicht gezwungen, ständig auf andere zu schauen? Eigentlich müssten sie, nach Pippi, doch ganz den Kontakt zu sich verloren haben. Falsch! Menschen, die in der Forschung arbeiten, Wissenschaftler berichten von ihren Gebieten häufig so, als wäre es ein Spielfeld, auf dem sie sich austoben oder gemeinsam tüfteln.

Wird Wissen auf diese Weise ausgelebt, kann das sehr vergnüglich sein. Es ist ein Spieltrieb. Eine Forscherin, die bis spät in der Nacht aufbleibt, weil sie sich auf der Spur eines Geheimnisses wähnt, und die nicht eher Ruhe geben kann, bis sie zu einer Lösung kommt, hat nicht die geringste Ähnlichkeit mit der Kollegin, die nächtelang die Seitenränder einer Dokumentation nachmisst.

Wie man ein Hamsterrad anhält

Ilka spürt, dass sie etwas verändern müsste, findet aber den Ansatz nicht. Uneingestandene Ängste oder mangelndes Selbstbewusstsein können wie Blockaden wirken. Ilka hat zum Beispiel eine unglaubliche Angst zu versagen. Sie vertraut nicht darauf, dass sie auch eine Lücke in der Rede meistern könnte, und das treibt sie dazu, ihre Auftritte und Termine bis in das winzigste Detail zu planen. Erst dann ist sie beruhigt und hat das trügerische Gefühl, alles wäre unter Kontrolle. Aber dabei vergisst sie: Weder Auftritte noch das Leben selbst sind zu kontrollieren. Indem wir versuchen alles auszuschließen, was stören könnte, nähen wir an einem Korsett, dass uns nach und nach jede Beweglichkeit und Atmung nimmt. Nicht umsonst wurden einschnürende Korsetts aus den Kleiderschränken verbannt! Mentale Korsetts wirken aber auf dieselbe Weise. Wir schnüren uns ab, japsen nach Luft und wirken dadurch unsicher und fehlerhaft. Außerdem übersehen wir vor lauter Detailverschwiegenheit die wirklich wichtigen Dinge.

Fragt man nach den Ursachen dieses Wunsches nach Perfektion, werden häufig Kindheitserinnerungen genannt. Als da wären: Ärger wegen misslungenen oder halb vergessenen Weihnachtsgedichten, Konkurrenzkampf zwischen den Geschwistern, schlechte Noten und Eltern, die einen hohen Anspruch hatten. Immer wieder tauchte da das Gefühl des Versagens auf. Erwachsen geworden, wollen diese Frauen (und auch Männer) die Emotionen des Versagens mit aller Kraft (und allen Mitteln) vermeiden. Sie werden steif, übergenau, der Blick geht nach unten, die Mimik ist wie versteinert. Dabei wollen alle diese Menschen andere für sich gewinnen und von etwas überzeugen.

Natürlich gibt es so viele Gründe für Perfektionismus wie es Menschen gibt. Ilka ist nur ein Beispiel, das Ihnen helfen soll, über Ihren eigenen Hang zum Perfektionismus nachzudenken.

Übung

Sind Sie auch ein Fall für die 120-Prozent-Marke? Welche Aussagen treffen auf Sie zu?

- ○ Für mich stehen Ordnung und Sauberkeit ganz oben.
- ○ In meinem Kleiderschrank hat alles seinen Platz.
- ○ Mein Auto ist innen sauber, keine leeren Flaschen, keine Krümel!
- ○ Spontane Treffen mag ich nicht.

- ○ Wenn ich Einladungen, Partys oder Firmenevents veranstalte, dann sorge ich dafür, dass alles reibungslos funktioniert.
- ○ Bei einer Verabredung bin ich fünf Minuten zu früh da.
- ○ Meine Wochenenden sind durchgeplant.
- ○ Ich habe einen Vertrag mit einem Fitnessstudio. Ich halte ihn ein.
- ○ Männer, die keinen Wert auf gute Umgangsformen und stilvolle Kleidung legen, liegen mir nicht.

Wie bitte? Sie haben nur bis zu drei der Aussagen als zutreffend angekreuzt? Herzlichen Glückwunsch – die Gefahr, dass aus Ihnen in absehbarer Zeit eine Perfektionistin wird, besteht vermutlich nicht.

Wenn Sie innerlich vier- bis siebenmal mit »ja« geantwortet haben, sollten Sie sich die Zeit nehmen, die Welt wieder etwas lockerer zu betrachten. Locker zu werden, muss man üben. Genauso wenig wie eine Chaotin es schafft, von jetzt auf gleich immer pünktlich und ordentlich zu sein, genauso wenig schafft es eine Perfektionistin, mal halblang zu machen.

Sollte Sie im vorhergehenden Test mehr als sieben Aussagen angekreuzt haben, was wir nicht glauben, dann sind Sie auf dem Weg zur Nervensäge. So leid uns das auch tut.

Lesen Sie die nächsten Seiten besonders aufmerksam – vielleicht kann Pippi Sie ja aus Ihrem einengenden Perfektions-Korsett befreien!

Übung

Nehmen Sie sich ein Thema Ihres Lebens, das Sie in Zukunft lockerer betrachten möchten. Fangen Sie mit einem Bereich an, der im Privaten liegt und wo deswegen die Konsequenzen überschaubar sind:
Ein paar Vorschläge:

- Bei der nächsten Party bringen die Gäste etwas mit, Sie verschicken keine Listen.
- Am Wochenende machen Sie Ihr Bett nicht.
- Sie lassen Ihr Frühstücksgeschirr stehen.
- Sie kommen bei Ihrer Freundin etwas zu spät (und erklären ihr später warum).
- Sie beantworten Ihre Mails nicht augenblicklich, sondern erst am nächsten Tag.
- Das nächste Wochenende lassen Sie auf sich zukommen und warten ab, was es bringt.

Raus aus der Perfektionismusfalle!

Ein erster Schritt gegen übertriebenen Perfektionismus ist die Ursachenforschung. Versuchen Sie herauszufinden, was Ihren Anstrengungen zugrunde liegt.

Übung

1. Wann waren Sie zum ersten Mal in Ihrem Leben spürbar perfekt und wurden dafür sogar gelobt? Vielleicht wurde in Ihrer Familie auch Liebe an Leistung geknüpft. Wenn ja, dann war dies mit ein Grund, warum Sie heute in der

Perfektionismusfalle feststecken. Versuchen Sie, sich an solche vergangenen Situationen zu erinnern – so kommen Sie möglicherweise auf die Spur unguter Glaubenssätze, die sich seit Ihrer Kindheit eingeschliffen haben. Hetzen Sie vielleicht Zielen hinterher, die gar nicht zu Ihren ureigenen Prioritäten gehören?

2. Gehen Sie einen Schritt weiter und betrachten Sie Ihre persönliche und berufliche Entwicklung bis zum heutigen Tag: Finden Sie hier möglicherweise Zeiten, in denen Sie extrem unter Druck standen, Ängste hatten – und diese nur mit Totalkontrolle, also Perfektion, in den Griff zu bekommen waren?

   Immer wieder einmal gibt es im Leben Situationen – denken Sie an eine Operation – da muss alles perfekt sein und funktionieren. Die Lebenskunst besteht darin, danach auch wieder loszulassen und zu erkennen, wann Perfektionismus erforderlich ist und wann nicht.

3. Schien es Ihnen in Schule und Beruf von je her erforderlich zu sein, 100 Prozent Leistung zu erbringen? Gab es nur dann für Sie gute Noten, Belohnungen oder Beförderungen?

   Erinnern Sie sich an das Gefühl, dass Sie immer wieder zugeben mussten, Ihre Ansprüche nicht erfüllt zu haben? Machen Sie sich bewusst, dass man nicht immer und überall perfekt sein kann. Lernen Sie, unperfekt zu sein: Versuchen Sie lockere Tage in Ihr Leben einzubauen, und beobachten Sie genau, wie Partner, Arbeitskollegen und Vorgesetzte darauf reagieren. Machen Sie sich auf ein Wunder gefasst!

Wenn wir beginnen, über die Perfektion unseres Lebens nachzudenken, dann ist auch die Wirkung unserer Umwelt von Bedeutung. Es finden sich da Botschaften, Anforderungen und Manipulationen. Gesellschaftliche Normen oder die gewünschte Zugehörigkeit zu einer Gesellschaftsschicht haben zum Beispiel klare Regeln. Medien sagen uns, was wir zu essen, zu tun und zu lassen haben. Blättern Sie dazu einfach einmal eine Illustrierte durch und vergegenwärtigen Sie sich, in welchen Lebensbereichen darin Perfektion gezeigt und gefordert wird:

- Mode – Sie müssen perfekt gekleidet sein.
- Kosmetik – Haut und Haar müssen perfekt gepflegt sein.
- Models zeigen, wie ein perfekter Körper auszusehen hat – und die Diät auf den Folgeseiten bietet direkt das perfekte Programm dazu.
- Kultur – noch nichts von Koons und Co. gehört? Der perfekte Kulturkenner muss überall mitreden können.
- Partnerschaft – das perfekte Paar diskutiert über verziehene Seitensprünge, die Harmonie des Streitens und kosmisches Miteinander.
- Essen – ohne Sushi oder thailändisches Buffet sind Sie derzeit leider kein perfekter Gastgeber.
- Beruf und Familie – die perfekte Frau ist zufrieden und kann alles: Kinder, Job und Partnerschaft.
- Reisen – das perfekte Urlaubsziel muss gefunden werden!

... und das ist nur ein Anfang; die Liste ließe sich noch weiter führen. Ganz schön anstrengend, solch ein perfektes Leben, oder?

Auch Frauenzeitschriften verstärken unsere Vorstellung des perfekten Lebens. Natürlich könnte man sich dem entziehen, indem man sie einfach nicht mehr kauft, dumm nur, dass das Horoskop immer so spannend ist.

Doch ganz gleich, ob es sich um Außeneinflüsse, persönliche Erfahrungen, Wünsche, familiäre Geschichten, zu hoch gesteckte Ziele oder persönliche Eigenarten handelt – Sie können daran arbeiten! Entscheiden Sie, was Ihnen wirklich wichtig ist – in diesen Bereichen können Sie dann ja ruhig 100 Prozent geben. Dafür sollten alle anderen Themen Ihnen dann aber auch keine schlaflosen Nächte bereiten, wenn dort nicht alles perfekt läuft.

Wer erkannt hat, wo genau die eigenen Perfektionismusfallen verborgen sind, ist schon auf dem besten Weg entspannter und lockerer zu werden. Vergessen Sie nicht: Das perfekte Selbstbild wird erst durch Eselsohren schön.

Sorgen Sie für Ersatz!

Pippilotta wäre begeistert: Sie haben inzwischen die optimale Basis für Veränderung geschaffen! Sie wissen, wo Ihre Schwachpunkte liegen, haben erkannt, dass Perfektionismus manchmal sinnvoll und manchmal sehr belastend ist. Ihnen ist vielleicht auch klar geworden, dass Sie nicht perfekt, sondern viel lieber gelassener und zuversichtlicher sein möchten. Ein wenig mehr Pippi und damit ein wenig mehr Mut zu 80 Prozent. Glückwunsch! Ganz sicher sind Sie jetzt bereit, Ihr Leben aufzupolieren und mit ein paar bunten Farben neu zu gestalten.

Übung

In dieser Übung geht es darum, konkret zu werden. Was werden Sie genau verändern?

- Sie haben festgestellt, dass Ihnen durch bestimmte »perfektionistische« Tätigkeiten etwa zwei Stunden am Wochenende fehlen? Reservieren Sie diese Zeit nun exklusiv für sich. Lassen Sie sich überraschen, wie sie sich von alleine füllt.
- Überlegen Sie, was genau Ihre Vorgesetzten an Ihnen schätzen. Sind es Ihre Ideen, Ihre Verlässlichkeit? Suchen Sie nach neuen Wegen, diese Eigenschaften auszudrücken. Und verschwenden Sie weniger Zeit für die unwichtigen Bereiche und Tätigkeiten.
- Ihr Haushalt ist tipptopp? Das darf er auch bleiben, aber reduzieren Sie den Zeitaufwand! Welche Hilfe könnten Sie sich leisten? Geschirrspülmaschine oder Putzfrau?
- Wenn Sie in Situationen geraten, in denen Sie sich erneut über Ihren Perfektionismus ärgern, atmen Sie gelassen durch. Sie sind dabei, sich zu verändern, das merken Sie daran, dass Ihnen diese Situationen plötzlich auffallen. Welches ist der nächste kleine Pippilottaschritt?

Wenn Sie das Gefühl haben, sich selbst und Ihrer eigenen 120-Prozent-Anforderung nicht in konkreten Beispielen auf die Schliche zu kommen, holen Sie sich von außen Unterstützung. Die beste Freundin, die nette Kollegin, vielleicht auch Eltern oder Geschwister können Ihnen über Ihr Verhalten sicher viel erzählen. Haben Sie Angst vor unangenehmen Aussagen? Schieben Sie sie weg! Viel häufiger werden wir wegen Verhaltensweisen gelobt, die uns gar nicht so bewusst waren.

Auch Pippi setzt sich diesem Feedback von außen aus. Sie weiß, man braucht die Rückmeldung von anderen, um den eigenen Weg besser zu finden! Pippi musste lernen, dass sie für idyllische Kaffeekränzchen nicht die Idealbesetzung ist. Das kann sie für sich so hinnehmen, und es macht ihr keinen Stress. Wozu auch? Es gibt so viele andere Dinge auf der Welt, die das Leben schön machen!

Zwischenziele erhöhen den Erfolgsfaktor!

Ihr Hang zum Perfektionismus hat auch etwas Gutes: Vermutlich sind Sie perfekt in der Lage, Ihre Veränderungen und neuen Wege strukturiert anzugehen! Und das ist ein entscheidender Vorteil: Denn natürlich ist es nicht möglich, das eigene Leben, Denken und Handeln von heute auf morgen einfach umzustellen. Zu viele Sachzwänge binden uns in ein festes Netz aus sozialen, materiellen und beruflichen Verpflichtungen ein, als dass wir mal eben schnell den Absprung riskieren können. Wie gut, dass Sie, ja gerade Sie, dennoch in der Lage sind, Ihren Alltag und Ihre Freizeit neu zu gestalten!

Denn insbesondere jetzt am Anfang kommt es darauf an, in kleinen Schritten zu beginnen und sich so genannte Zwischenziele zu setzen. Kleine Etappen werden müheloser erreicht, und das Gefühl von Glück stellt sich auch bei kleinen Erfolgen ein. Glück und Zufriedenheit sind Grundvoraussetzungen für Selbstmotivation. Um diese Zwischenziele (es können durchaus viele sein!) nicht aus den Augen zu verlieren, bedarf es einer gewissen Struktur – die Ihnen sicher leicht fällt.

Am Beispiel von Ilka möchten wir Ihnen nun zeigen, wie ein solcher Aktionsplan gegen den Perfektionismus mit Zwischenzielen aussehen könnte:

Nehmen wir einmal an, Ilka hätte sich vorgenommen, im Beruf zwar erfolgreich zu bleiben, aber besser mit ihren Kollegen klarzukommen, etwas mehr Freizeit zu haben und ab und zu aus diesem Grunde die Dinge nicht ganz so eng zu sehen.

Übung

In Zwischenzielen sieht das so aus:

Zeitpunkt	*Maßnahme*
Ab sofort	Überstunden werden nicht mehr aus Prinzip gemacht, sondern nur noch, wenn wirklich nötig.
Ab sofort	In der Mittagspause wird nicht gearbeitet, sondern mit Kollegen gegessen.
In einer Woche	Vorschlag für eine Abteilungsfeier. Ilka kümmert sich aber nicht ums Essen, sondern jeder bringt etwas mit.
In zwei Wochen	Das neue Projekt? Die Kollegen werden zu einem lockeren Brainstorming mit offenem Ausgang eingeladen!
In zwei Wochen	Jeanette wird ins Vertrauen gezogen. Sie soll Ilka ein unauffälliges (und vereinbartes) Zeichen geben, wenn diese in alte Muster zurückfällt.
In einem Vierteljahr	Die Weihnachtsfeier! Ilka will diese mit einem launigen Beitrag mitgestalten. Eigene Macken und die von anderen sollen darin wohlwollend auf die Schippe genommen werden. Die Organisation der Feier übernimmt diesmal jemand anderes. Freiwillige sollen sich melden!

Da Ilka auf Struktur und Klarheit trainiert ist, wird sie diese Zwischenziele vermutlich zu Hause an eine Pinnwand heften oder auf die Kühlschranktür kleben. Keine schlechte Idee, finden wir, denn so hat sie ihre Ziele tagtäglich im Blick. Es würden übrigens auch schon kleine Stichpunkte genügen.

Organisiertes Chaos wirkt charmant

Vermutlich haben Sie es längst selbst erkannt, dass scheinbar perfekte Menschen niemals langfristig erfolgreich sind, sondern sich eher verzetteln. Vor allem nicht auf der zwischenmenschlichen Ebene, und die ist für Liebe, Glück und Gesundheit ausschlaggebend.

Das Zugeständnis, nicht länger 120-prozentig sein zu wollen, macht uns zufriedener und lebenstüchtiger, denn auf Unerwartetes reagieren wie nun flexibel. Wer zu lange nachdenkt, verliert kostbare Zeit. Sie wissen nun, dass Sie auch dann sicher reagieren, wenn etwas mal nicht wie geplant klappt. Und es gibt Menschen, die Sie unterstützen können! Früher machten Sie alles allein, nun sind Sie dabei zu teilen oder können delegieren. Sie müssen nicht mehr alles können ... und schon gar nicht im Alleingang.

Ein bisschen Chaos ist außerdem charmant: Wenn der Rocksaum hängt, werden Sie gesehen, und ein bisschen Petersilie zwischen den Zähnen hat schon zu manchem Lächeln motiviert.

Machen Sie sich immer wieder bewusst: Nicht perfekt zu sein ist die Grundvoraussetzung für persönliches Glück, denn es bleibt mehr Zeit für Menschen und für sich selbst.

Und dieses persönliche Glück kann ganz woanders liegen, als es die anderen meinen. Pippi will nicht wirklich eine feine Dame werden. Sie möchte diese Rolle nur hin und wieder spielen:

Da nahm sich die Lehrerin vor, mit Pippi darüber zu reden, wie man sich benehmen soll.

»Hör mal, kleine Pippi«, sagte sie, »du willst doch sicher eine wirklich feine Dame werden, wenn du groß bist?«

»Du meinst, so eine mit einem Schleier auf der Nase und drei Kinnen drunter?«, fragte Pippi.

»Ich meine eine Dame, die immer weiß, wie sie sich benehmen soll, und immer höflich und wohlerzogen ist. Eine wirklich feine Dame – willst du das nicht werden?«

»Ich kann's mir ja mal überlegen«, sagte Pippi. »Aber verstehst du, Fräulein, ich bin schon so gut wie entschlossen, Seeräuber zu werden, wenn ich groß bin.«

7.

Wenn keiner dir was singt, dann pfeif dir selbst ein Lied

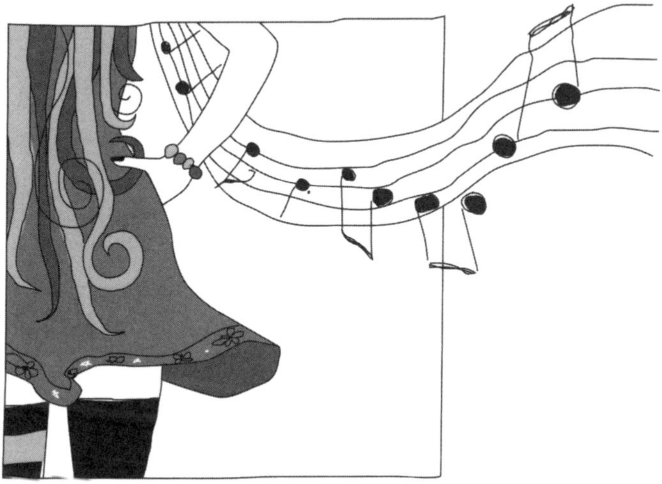

»Ich möchte nicht länger einsam sein, deswegen suche ich dich. Bitte melde dich unter der Chiffre 3157«
»Der Sommer ist lang, ich will nicht alleine baden gehen. E-Mail ...«
»Dieses Weihnachten bin ich nicht allein. Wer rettet mich aus meiner Weihnachtsdepression? Chiffre 4529«

Wenn man solche Anzeigen liest, möchte man am liebsten vor Mitleid die Seite schnell umblättern. Da will sich jemand an mich hängen, denkt man vielleicht auch, oder man wird sogar wütend. Will dieser Mensch einen Alleinunterhalter? Dann aber nicht mich!

Es ist eine merkwürdige Sache mit der Einsamkeit. Je einsamer ein Mensch sich fühlt, desto einsamer wird er auch. Menschen, die sich darüber beklagen, dass sie allein und einsam ihr Leben fristen. Sie werden auch weiter allein ihre Sonntagnachmittage vor dem Fernseher verbringen müssen. Denn Sie fühlen sich so oder so viel zu scheu, zu schüchtern und zu unauffällig, um auf einen anderen Menschen zuzugehen. Grausame Welt!

Wer noch ein bisschen Lebenshunger in sich trägt und mit einer Anzeige kein Glück hat, kann es im Internet probieren, oder er besucht eine »Single Party«. Bei Veranstaltungen dieser Art suchen Fische ihre Fahrräder und Frösche ihren Fön. Manchmal finden sie das Gesuchte sogar. »Endlich bin ich nicht mehr allein!«, kann dieser Single dann erleichtert ausrufen, aber Hand aufs Herz: Ist es mit der Einsamkeit dann wirklich auch vorbei?

Einsamkeit ist kein Gefühl, das von außen reguliert werden kann. Es wird höchstens kurzzeitig verdeckt, wenn man von anderen Menschen abgelenkt wird. Aber irgendwann entsteht eine Pause, weil

- eine Freundin kurzfristig absagt,
- der Traumprinz sich als Frosch entpuppt oder einfach wieder verschwindet,
- die Urlaubstruppe eine Gruppe fader Pärchen ist,
- der erste Urlaub mit dem Partner nur Streit bringt.

Kaum haben chronisch einsame Menschen einen Partner, müssen sie auch schon feststellen, dass das an dem Gefühl der Einsamkeit dauerhaft nichts ändert. Sie geht nicht weg, wird nicht ausgelöscht, sondern schläft wie ein Tier, das sich bei der ersten Unregelmäßigkeit gähnend streckt und auf dem Sprung für eine neue Attacke ist. Zum Beispiel dann, wenn der Partner auf Geschäftsreise ist, ein Seminar besucht oder sich aus Beziehungsgründen für ein paar Tage verabschiedet oder zurückzieht. Es gibt sogar Menschen, für die fängt die Einsamkeit erst richtig an, kaum haben sie endlich einen neuen Partner gefunden. In den ersten Stunden des Glücks ahnt das freilich niemand, vielleicht will es auch niemand ahnen. Wer lässt sich vom jaulenden Tier Einsamkeit schon gern sein Glück vermiesen? Alles muss jetzt rosarot sein, und beide glauben, nie mehr stumm und blöde in ein Glas Wein starren zu müssen. Das taten sie nämlich. Eben so lange, wie sie Single waren. Und bald werden sie es wieder tun. Stumm vor einem Glas Wein sitzen. Nur diesmal zu zweit.

Kennen Sie diesen Witz?

»Früher, als ich Single war, da ging es mir eigentlich ganz gut. Nur manchmal saß ich auf der Couch und weinte, weil niemand neben mir saß. Und heute? Da geht es mir eigentlich ganz gut. Nur manchmal sitze ich auf der Couch und heule, weil einer neben mir sitzt.«

Natürlich ist das überspitzt, aber es steckt ein wahrer Kern darin: Eigentlich ist egal, ob wir einen Partner haben oder nicht. Zumindest was das Heulen angeht. Traurige oder unglückliche Zeiten gehören zum Leben und sie kommen so oder so. Manchmal sind wir traurig, weil uns angeblich niemand liebt, und dann, weil er uns angeblich nicht mehr liebt. Oder nicht so liebt, wie wir ihn lieben. Oder nicht so viel Zeit mit uns verbringen möchte wie wir mit ihm. Liegt es vielleicht an unserer Einstellung?

Alleinsein muss nicht schrecklich sein

Pippi lebt allein und hat diese Form der Einsamkeit akzeptiert. Würden wir sie fragen, ob sie einsam ist, dann würde sie uns mit großen Augen anschauen. Sie ist nicht einsam, sie wohnt nur allein. Das ist ein Unterschied. Pippi hat Thomas, Annika, Herrn Nilsson und ihr Pferd, Kleiner Onkel, außerdem hat sie den Baum vor der Tür, die Blumen und ihre Sachen im Haus, wie Hüte, Kreisel, Kochlöffel und Schnüre. Etwas lässt sich damit immer gestalten, was aufheitert und unterhält. Und wenn sie keine Briefe bekommt, dann schreibt sie sich eben selbst.

Pippi rührte und überlegte. Dann sagte sie:

»Ich kann mir richtig leid tun, dass ich niemals einen Brief krieg. Alle anderen Kinder bekommen Briefe. So geht das wirklich nicht weiter. Und wenn ich keine Großmutter habe, die an mich schreiben kann, dann kann ich ebenso gut an mich selbst schreiben. Und das mach ich gleich jetzt!«

Sie öffnete die Ofenklappe und schaute hinein.

»Hier müsste ein Bleistift liegen, wenn ich mich recht erinnere.« Da lag auch ein Bleistift. Pippi nahm ihn. Dann riss sie eine große weiße Papiertüte auseinander und setzte sich an den Küchentisch. Sie legte die Stirn in tiefe Falten und sah sehr nachdenklich aus.

»Stört mich jetzt nicht, ich denke«, sagte sie.

Alle Menschen sind dann und wann allein, aber manche haben das Gold in diesen Stunden entdeckt. Sie wissen, dass allein sein nicht einsam sein bedeutet. Mit sich zu sein, ist ein Zustand, den wir gestalten und genießen können!

Pippi weiß sich in ihrem Alleinsein zu helfen. In manchen Geschichten wird deutlich, dass Pippi manchmal gerne nur mit sich allein ist. Sie ist gar kein »armes Heimkind«, das permanent Zuwendung und Trost sucht. »Trost? Weswegen?«, hören wir sie achselzuckend fragen. Und wenn jemand bei ihr klopft, dann ruft sie: »Kommt herein, oder bleibt draußen, wie ihr wollt!« Sie muss niemanden locken. Und das sagt sie auch deutlich.

»Bist du das Mädchen, das in die Villa Kunterbunt eingezogen ist?«, fragte einer der Polizisten.

»Im Gegenteil«, sagte Pippi. »Ich bin eine ganz kleine Tante, die in der dritten Etage am anderen Ende der Stadt wohnt.«

Pippi sagte das nur, weil sie einen Spaß machen wollte. Aber die Polizisten fanden das durchaus nicht lustig. Sie sagten, Pippi solle nicht versuchen, Witze zu machen. Und dann erzählten sie, gute Menschen in der Stadt hätten dafür gesorgt, dass Pippi einen Platz in einem Kinderheim bekäme.

»Ich hab schon einen Platz in einem Kinderheim«, sagte Pippi.

»Was sagst du, ist das schon geregelt?«, fragte der eine Polizist. »Wo ist das Kinderheim?«

»Hier«, sagte Pippi stolz. »Ich bin ein Kind, und das hier ist mein Heim, also ist es ein Kinderheim. Und Platz habe ich hier. Reichlich Platz.«

»Liebes Kind«, sagte der Polizist und lachte, »das verstehst du nicht. Du musst in ein richtiges Kinderheim und brauchst jemand, der sich um dich kümmert.«

»Kann man in eurem Kinderheim Pferde haben?«, fragte Pippi.

»Nein, natürlich nicht«, sagte der Polizist.

»Das hab ich mir gedacht«, sagte Pippi düster. »Na, aber Affen?«

»Natürlich nicht, das musst du doch verstehen.«

»Ja«, sagte Pippi, »dann müsst ihr euch von anderswoher Kinder für euer Kinderheim besorgen. Ich habe nicht die Absicht, dahin zu gehen.«

Es gibt verschiedene Möglichkeiten mit dem Alleinsein umzugehen.

Beispiel: »Ich dachte mit dem Alleinsein ist es nun endlich vorbei«, jammert Ulrike, 31 Jahre. Nach fünf Jahren als Single hat sie ihren Traummann endlich gefunden und ihn sogar geheiratet. Sie möchte eine Familie gründen und endlich richtig sesshaft werden. Lange genug hat sie gesucht und viel Geld und Hoffnungen in Single-Veranstaltungen investiert. Nun schien mit Thomas das Glück so nah. Aber Thomas ist Immobilienmakler für Grundstücke in Spanien. Dauernd ist er unterwegs und an Familie möchte er noch nicht denken. Die freien Wochenenden verbringt er mit Ulrike, aber auch auf dem Golfplatz. Verheiratet zu sein, ist für ihn nicht an Verpflichtungen gebunden. Er möchte beides, seinen Sport ausüben und Ulrike sehen. »Soll sie doch auch etwas unternehmen«, entrüstet er sich in einem Gespräch. Aber Ulrike weiß eigentlich nicht was. Sie treibt keinen Sport, das einzige, was ihr einfällt, ist Einkaufen – aber sonntags haben alle Läden zu. Sie ist wütend auf Thomas, denn schließlich hat sie nicht einfach so geheiratet. Wenn auch nicht ausgesprochen, so waren doch für sie bestimmte Erwartungen daran geknüpft.

Vielleicht wäre Ulrike wirklich glücklicher mit jemandem, der so wenig mit sich selbst anfangen kann wie sie. Aber erwartet sie nicht auch zu viel von Thomas? Und fühlte sie sich nicht vielleicht wegen seiner aktiven Art zu ihm hingezogen? Wie würde sich wohl Pippilotta in dieser Situation verhalten?

Was wir an Pippi so beneiden, ist diese selbstverständliche Selbstliebe, die sie zu sich hegt. Sie langweilt sich nie mit sich – es gehen ihr höchstens mal die Ideen aus, aber die werden sich auch wieder finden. In keiner der Erzählungen trifft man auf eine Stelle, in der Pippi auf Thomas und Annika wartet, weil sie sich einsam fühlt. Sie ist sich selbst eine spannende, unterhaltsame, interessierte, attraktive Partnerin und hat keine Erwartungen an andere Menschen. Obwohl sie gerne mit sich ist, ist sie aber selten allein. Dauernd hat sie Besuch oder unternimmt etwas mit ihren Freunden. Hat sie vielleicht einfach nur Glück gehabt? Glück ist es nicht, sondern Pippi hat etwas Wesentliches erkannt.

Auch wenn es paradox klingt: Je lieber ein Mensch die Zeit mit sich genießt und sich selbst als wertvoll dabei empfindet, desto mehr Menschen zieht er an.

Menschen, die mit sich selbst zufrieden sind und keine Abhängigkeiten verspüren, werden von anderen als ausgeglichen wahrgenommen. Es gibt keine Ansprüche, die das Gegenüber erfüllen muss, sondern alles wird bereitwillig aufgenommen. Deswegen sind wir gerne mit ausgeglichenen Menschen zusammen. Wir können selbst entscheiden, wie viel Zeit wir mit Ihnen verbringen, werden zu nichts gedrängt und tanken Energie und neue Kraft.

Überprüfen Sie Ihren Wunsch nach Nähe

Schon als Kind suchen wir die Nähe unserer Mutter. Wir sind von ihr abhängig, denn sie nährt uns und gibt uns Zuwendung. Unsere Eltern sind für uns wichtig, denn sie führen uns ins Leben. Wir sind Ihre Nähe gewohnt, sie ist uns wichtig, wir ruhen uns im Zusammensein aus. Dann werden wir größer und größer und müssen lernen, das es nicht nur Nähe gibt, sondern auch Distanz. Die geliebte Symbiose, die wir in unserer Familie hatten, löst sich langsam auf. Wir müssen uns auf uns besinnen – das ist ungewohnt, und viele Menschen fühlen sich jetzt hilflos. Der Partner soll Familie werden, uns das sein, was uns früher Eltern und Geschwister waren. Symbiotische Beziehungen funktionieren nur dann, wenn beide Partner symbiotisch veranlagt sind, das heißt auf eine eigene und selbstständige Entwicklung weitestgehend verzichten. Irgendwann, wenn ein Partner geht oder stirbt, ist es mit der Symbiose vorbei.

Das, was scheinbar gesichert war – ständige Nähe – löst sich auf. Dauerhafte Nähe finden wir nur mit uns selbst. Dazu müssen wir uns lieben und gut kennen lernen. Damit dies gelingt, braucht es gelegentliche Zeit mit sich, und das bedeutet: Distanz zu anderen. Wir lernen dann, uns selbst Familie zu sein, ohne auf andere Menschen zu verzichten.

Hand aufs Herz: Wie sieht es aus? Überprüfen Sie sich selbst: Verbinden Sie auch Ihre Gedanken über Beziehungen mit der Idee nicht mehr allein zu sein? Wenn Sie an Ihren Partner oder an einen möglichen Partner denken, welche Wünsche stellen sich bei Ihnen ein? Seien Sie ehrlich zu sich selbst, denn nur so kommen Sie Ihren innersten Erwartungen auf die Schliche!

Wollen Sie:

- Die Urlaube nicht mehr allein verbringen?
- Nicht mehr als Single bei Familienfesten auftauchen?
- Brauchen Sie jemanden, der Ihnen das Taschentuch reicht, wenn Sie im Kino losheulen?
- Kochen Sie nicht gerne allein?
- Brauchen Sie tatkräftige Unterstützung im Garten?
- Oder einen Chauffeur?

- Möglicherweise finden Sie Geldbeutel auf zwei Beinen ganz verführerisch ...
- Vielleicht geht es Ihnen aber auch darum, eine Familie zu gründen.

Was ist es genau? Nur wenn Sie Ihre Bedürfnisse kennen, haben Sie die Möglichkeit, sich diese Wünsche zu erfüllen. Genau und richtig verstanden! Sie sollen nicht überprüfen, ob Ihr Partner zu Ihnen passt und auch eine Kontaktanzeige nicht noch effektiver gestalten, sondern Ihre Aufgabe ist es, Ihre eigenen Wünsche zu erkennen und sie sich, wenn möglich, zu erfüllen. Sich selbst zu lieben ist manchmal genauso schwer, wie sich auf einen neuen Menschen einzustellen. Bei all der Suche nach Ablenkung, Verabredung und Liebe übersehen wir nämlich manchmal ganz uns selbst. Viele wissen gar nicht mehr so recht, wie das geht, Zeit mit sich freudvoll zu gestalten. Die eigenen Wünsche werden häufig an andere gerichtet, aber nicht an sich selbst. Dabei gibt es nichts Schöneres, als sich selbst lang oder kurz gehegte Wünsche zu erfüllen, denn auf einmal müssen Sie nicht mehr warten. Und bedenken Sie dabei: Wünsche sind nicht nur materiell!

Übung

Erstellen Sie eine kleine Liste Ihrer nächsten Wünsche und bringen Sie diese in eine Ordnung. Nehmen Sie dafür ein schönes Buch oder ein buntes Blatt Papier. Hier geht es nicht um einen Einkaufszettel, sondern darum, was Sie sich vom Leben – also auch von sich selbst – wünschen. Selbstverständlich dürfen auf diesem Blatt Parfums und Schuhe stehen, aber denken Sie auch darüber hinaus. Gibt es eine Kunst, die Sie gerne erlernen würden? Wünschen Sie sich eine bestimmte Fähigkeit? Gibt es ein Traumland, in dem

Sie eine Urlaubszeit verbringen möchten? Oder sind Sie mehr an einem inneren Zustand, geistiger Haltung, Spiritualität interessiert?

- Welche Namen tragen Ihre Wünsche?
- Finden sich Wünsche, die dringlicher sind als andere?
- Was ist für die Wunscherfüllung nötig?
- Wie können Sie sich das Notwendige beschaffen?
- Müssen bestimmte Vorgehensweisen beachtet werden?

Woran werden Sie merken, dass sich ein Wunsch erfüllt hat? Beschreiben Sie dieses besondere Gefühl.

Wenn wir uns mit unseren Wünschen wahrhaft und wirklich interessiert befassen, haben wir keine Zeit einsam zu sein. Wir sind dann mit uns beschäftigt, machen uns auf den Weg zu etwas Neuem oder versuchen etwas herauszufinden, mehr zu erfahren und vielleicht auch gleich auszuprobieren. Auf diese Weise macht Alleinsein Spaß. Endlich müssen wir nicht darauf warten, dass jemand kommt, der etwas für uns tut, sondern wir können uns jetzt und sofort selbst glücklich machen. Sich selbst glücklich zu machen, macht nicht nur zufriedener, sondern hat noch einen weiteren entscheidenden Vorteil:

Zufriedene Menschen sind charismatisch ...

... und damit werden sie zu Vorbildern. Von ihnen können wir lernen, wie man sich seine Lebenszeit so gestaltet, dass sie als glücklich und sinnvoll erlebt wird. Glückliche Menschen strahlen von innen heraus, und deswegen ist man gern in ihrer Nähe. Es ist egal, welchen Beruf sie haben und wie reich oder gebildet sie sind. Eine positive Ausstrahlung kommt von tief innen, aus der Seele. Eine zufriedene Marktfrau, die ihre Arbeit und die Natur liebt, kann so viel Ausstrahlung haben wie der Dalai Lama.

Menschen, die sich selbst glücklich machen, kennen keine Missgunst und keinen Neid, denn sie sind ständig selbst auf dem Weg zu einer wie auch immer gearteten Erfüllung. Sie sind mit ihren Zielen und Idealen beschäftigt und genießen ihr eigenverantwortliches Leben. Wir können neben ihnen einfach sein, müssen uns nicht verstellen und brauchen nicht zu erraten, was von uns nonverbal gefordert oder erwartet wird. Das ist sehr entlastend. Das Glück, das ein zufriedener Mensch ausstrahlt, bereichert seine Umgebung. Menschen, die sich selbst lieben und gerne mit sich sind, wärmen wie kleine Sonnen und sind dabei nicht ständig auf andere angewiesen.

Sich selbst genug zu sein, erreicht man nicht unbedingt nur durch zweckorientiertes Handeln: Wenn wir an Pippi und ihre Unternehmungen denken, dann müssen wir unweigerlich schmunzeln. Wenn sie Lust hat, dann tanzt Pippi auf Putzbürsten durch das Haus, kocht sich leckere Sachen, erzählt sich Geschichten, pfeift sich ein Lied. Nehmen Sie sich ein Beispiel daran, und tun Sie auch etwas für sich, und mag es noch so uneffektiv oder sinnlos erscheinen. Nicht alles, was zu einem objektiven Ergebnis führt, macht zwangsläufig glücklich. Im Gegensatz dazu ist das Ergebnis solcher Mußestunden, wie sie Pippi erlebt, unmittelbar zu spüren: Ohne dass wir es beabsichtigen, berühren sie unsere Seele – so tanken wir Kraft für den Alltag. Und es gibt einen weiteren Vorteil: Indem Sie mit sich glücklich sind und keinen anderen Menschen brauchen, machen Sie anderen Menschen Mut, sich ebenfalls auf den Weg zu sich selbst zu machen. Kindliche Freude ist dabei ein guter Anfang. Wenn wir uns wie Kinder fühlen, sind wir auch von den eigenen Erwartungen unbelastet. Es gibt dann nichts zu versäumen oder zu vertrödeln. Alles ist gut und richtig, wie es eben ist.

Übung

Dies ist ein Aufruf zum unüberlegten Handeln! Viel zu oft sind wir zu erwachsen. Dabei liegt das Glück im Chaos, in der Spontaneität. In ungeordneten Zuständen gedeihen neue Ideen am besten, denn sie sind die Würze, wenn es um bislang unerprobte Verhaltensweisen geht. Schlüpfen Sie für eine kurze Zeit in Ihr geistiges Pippilottakostüm und unternehmen Sie etwas, das nicht »sinnvoll« ist.

- Klimpern Sie auf einem Instrument nur so vor sich hin.
- Besuchen Sie mal wieder einen Spielzeugladen.
- Oder vielleicht einen Märchenpark?
- Lesen Sie ein Buch von hinten nach vorne.
- Verkleiden Sie sich mit Ihren Lieblingssachen und schminken Sie sich, obwohl Sie gar nicht ausgehen wollen.
- Gehen Sie einen Tag lang nicht ans Telefon – erklären Sie das zu »Ihrem Tag«.
- Essen Sie einen Eisbecher, der für zwei Personen gedacht ist.

Wenn Ihnen jetzt keine Ideen kommen, dann gehen Sie strategischer vor. Vielleicht ist es für Sie im Augenblick ungewohnt, sich spontan auf etwas »Zweckfreies« einzulassen, und Sie benötigen eine kleine Aufwärmphase. In diesem Fall überlegen Sie sich, was Sie am liebsten machen würden, um sich etwas Gutes zu tun:

- Zu welcher Musik würden Sie gerne tanzen?
- Was möchten Sie sich gerne kochen?
- Welche Geschichte würde Sie sich gerne erzählen?
- Welches Lied sich gerne pfeifen?

Vereinbaren Sie mit sich einen Pippilotta-Tag. An diesem Tag sollten Sie allein sein und der Versuchung widerstehen, Verabredungen zu treffen. Stellen Sie sich vor, einen Tag mit sich zu gestalten und sich dabei zu verwöhnen und auf neue Dinge einzulassen. Versuchen Sie, einmal die Welt mit Kinderaugen oder den Augen einer Abenteurerin sehen und dabei den Wert im scheinbar Unsinnigen zu finden. Gönnen Sie Ihren Gehirnzellen eine kleine Pause, und übergeben Sie der Lust die Führung. Schon morgen dürfen Sie wieder erwachsen und vernünftig sein. So Sie das dann noch wollen ...

Beispiel: Susan, 31 Jahre, hat sich ein sehr hübsches Ritual mit sich geschaffen. Einmal im Jahr verbringt sie einen Tag mit sich allein. Sie fährt nach Heidelberg, geht bummeln und dann macht sie eine Schifffahrt auf dem Neckar. »Ich fahre bis nach Neckarsteinach, das sind 90 Minuten. Dort esse ich ein Eis, und dann fahre ich mit dem Schiff wieder nach Heidelberg zurück. Ich liebe diesen Ausflug! Manche Freundinnen verstehen mich nicht. Sie würden nie allein eine Schifffahrt machen, sondern brauchen immer ihre Familie oder einen Partner dabei. Ich glaube, sie haben ein bisschen Angst. Würden sie das einmal machen, so einen Festtag mit sich selbst, sie würden das liebend gerne wiederholen. Wie ich. Bald ist wieder Sommer ... dann fahre ich nach Heidelberg. Und weil es so schön ist, Zeit mit mir zu verbringen, mache ich das immer öfter. Ich überrasche mich quasi selbst. Vielleicht klingt das jetzt ein bisschen verrückt, aber es ist grandios! Es ist mir wichtig, regelmäßig

Zeit mit mir zu verbringen. Ich regeneriere mich, tanke auf und habe Zeit nachzudenken. Wenn ich nach Hause komme, dann erzähle ich, wie es war und ein paar kleine Geschenke für die anderen habe ich meistens auch in meiner Tasche.«

Na? Fühlen Sie sich von diesem Beispiel angeregt? Möchten Sie Susan gerne mal begleiten? Da haben Sie leider keine Chance, denn Susan reist an diesen Tagen aus Prinzip allein! Aber wie wäre es, Sie würden es ihr nachmachen? Die Schiffe auf dem Neckar fahren den ganzen Sommer über! Und wenn Sie aussteigen möchten: Wie gesagt, Neckarsteinach wäre eine hübsche Haltestelle.

Aber was ist, wenn ich mich doch mal einsam fühle?

Einsamkeit hat ja mit anderen Menschen oder Begleitung gar nichts zu tun, das wissen Sie inzwischen. Ein Wort, das das Gegenteil von Einsamkeit beschreibt, gibt es genauso wenig wie den Begriff für das Gegenteil von Durst. Für beide Situationen dieser Art behilft sich unsere Sprache mit dem Verb »gestillt«. Einsamkeit und Durst werden gestillt. Aber genauso wie der Durst immer wieder kommt, hat auch die Einsamkeit die Veranlagung ständig und regelmäßig bei uns anzuklopfen. Das kann Ihnen auch auf einem Schiff passieren, zu einem Zeitpunkt, wenn Sie sich eigentlich gerade unbändig mit sich amüsieren wollten. Was ist dann zu tun?

Nichts. So wie solche Gefühle der Einsamkeit kommen, verfliegen sie auch wieder. Außer wir legen uns auf sie fest, lassen sie Teil unserer Identität und Selbstwahrnehmung werden. Sobald Sie die einsamen Gefühle bewerten – und das geschieht im inneren Dialog – verankern Sie diese in Ihrem Inneren. Es ist dann so, als würden Sie diese Emotionen in Ihren Rucksack packen und auf diese Weise ständig mit sich herumschleppen.

Also: Wenn an Ihrem Ausflugstag (oder bei einer anderen Gelegenheit) kurze, schattige Gedanken kommen, dann stellen Sie dies einfach fest: »Ach schau mal, eben werde ich ein bisschen traurig. So, so. Das ist ja interessant.« Und dann lassen Sie die Gefühle weiter ziehen ... Jetzt sind Sie auf einer Ausflugsfahrt, und da ist es doch viel interessanter, sich die Landschaft und die anderen Menschen zu betrachten. Wie wäre es mit einer kleinen Plauderei? Die Dame gegenüber sieht nett aus und scheint Interesse an einem Gespräch zu haben!

Übrigens: Ist Ihnen schon einmal aufgefallen, dass wir nur bei belastenden Gedanken so reagieren? Kein Mensch würde sich auf einer Schifffahrt den Kopf zerbrechen, wenn er fröhlich ist. »Warum bin ich jetzt bloß so gut gelaunt? Dem muss ich nachgehen! Dafür muss es doch einen Grund geben. Bloß welchen? Und ich werde immer besser gelaunt ... wie kriege ich denn das nur wieder in den Griff?« Positive Gefühle nehmen wir einfach hin. Niemand bleibt wie vom Donner gerührt stehen, weil er gerade glücklich ist: Es gibt vermutlich wenig Menschen, die sich in den Straßengraben setzen, um lange und anhaltend darüber zu sinnieren, ob das Gefühl trügerisch oder ernst ist. Geben Sie daher allen Gefühlen – positiven wie negativen – ausreichend Gewicht.

Übung

Beobachten Sie sich eine Stunde und stellen Sie lediglich fest, welche Gefühle auftauchen. Gehen Sie den Gefühlen nicht nach, sondern betrachten Sie sich diese wie Werbung oder Bilder. Es geht jetzt nur ums anschauen und wahrnehmen. Nach dieser Übung werden Sie überrascht sein, wie viele unterschiedliche Gefühle uns in kurzer Zeit besuchen. Meist ist es wie in einer Achterbahn: Es geht rauf und runter. Aber es liegt auch an uns selbst, ob aus diesen flüchtigen Besuchern Dauergäste werden! Und nun drängt sich eine weitere Frage auf: Welches der vielen Gefühle war denn nun wichtig? Oft genug können wir uns an Details gar nicht mehr erinnern, obwohl wir doch einen Moment lang richtig traurig waren.

Gefühle lassen sich hervorzaubern – und wegzaubern

Sie können üben, sich selbst in bestimmte Stimmungen zu versetzen. Hören Sie Ihren Lieblingssong. Erinnern Sie sich an einen schönen Tag am See. Wissen Sie noch, auf welcher Decke Sie lagen? Waren Freunde dabei? War der Himmel wolkenlos oder leicht bewölkt? Spielte Musik in der Ferne? Und dann das Wasser, war es frisch oder seidig weich? Denken Sie an Ihren Liebsten, Ihre Liebste oder an Ihr Kind. Betupfen Sie sich mit Ihrem Lieblingsparfum und schnuppern Sie diesen Duft.

Merken Sie etwas? Auf einmal haben wir ein ganz anderes Gefühl als noch zuvor! Wenn das so ist, welches es der beiden Gefühle hat denn nun mehr Bedeutung, oder haben gar beide keine?

Was mit guten Gefühlen geht, funktioniert übrigens auch mit schlechten. Wir könnten Sie nun bitten, an eine ungute Situation in der Arbeit oder privat zu denken. Eine, die Ihnen richtig auf der Seele liegt. Krach mit dem Partner, schwierige Gespräche im Beruf oder ein innerer Konflikt. Stopp! Das wollten wir nicht. Denn schon befinden Sie sich mittendrin in einem üblen Gemütszustand, dabei ging es Ihnen doch eben noch so gut.

Also zurück an den See, noch einmal am Parfum geschnuppert oder auf den Kalender geschaut, wann der nächste schöne Eintrag ist. Na? Wieder besser?

Nicht nur die Gefühle haben Macht über uns, wir auch über sie! Sie können sich Ihrer Gefühlswelt ergeben oder sie bewusst gestalten!

Emotionale Intelligenz und Instinkt

»Es heißt doch aber, ich soll auf meinen Bauch hören!«, protestieren Sie vielleicht jetzt. Das sollen Sie auch! Aber auf alle Botschaften in Ihnen – und nicht auf die Gefühlsschmetterlinge. Wir müssen, was Gefühle angeht, lernen zu unterscheiden. Was ist eine Stimmung und was ist eine Botschaft unserer Seele? Das geht nur, wenn wir in uns hineinhören und uns Zeit für uns nehmen. Wir müssen den Sender, wenn Sie so wollen, fein einstellen. Das geht nicht alles auf einmal, aber Sie werden darin immer genauer, je besser Sie sich kennen lernen. Schon bald werden Sie wissen, ob sich lediglich eine Laune meldet oder Ihre Intuition. Das wirkliche Bauchgefühl lässt sich nicht so leicht vertreiben. Es meldet sich deutlich, drängend und immer wieder, denn es ist ein Warnsystem oder eine Ermunterung zum Handeln. Dagegen kommen Stimmungen und Launen plötzlich auf und sind auch gleich wieder weg. Fragen Sie sich:

Sind Sie einsam oder vielleicht einfach nur gelangweilt? Das ist ein Unterschied!

Bevor Sie sich also künftig von Ihren Gefühlsschwankungen beeindrucken lassen, stellen Sie fest, ob es sich nur um eine Stimmung oder ein tiefergehendes Gefühl handelt. Das ist so ähnlich wie mit Appetit und wirklichem Hungergefühl – diese Unterscheidung müssen wir wieder erlernen. Also, fragen Sie sich bei dem nächsten Stimmungsumschwung: Haben Sie Gefühlshunger oder kommt Ihnen nur ein bestimmtes Gefühl der Einsamkeit in den Sinn? Zum Beispiel, weil es gerade still ist und Sie allein sind.

So sind wir dem ersten Gefühl der Einsamkeit nicht ausgeliefert. Wir können nachfühlen, ob wir uns wirklich einsam fühlen oder nur ein wenig allein oder gar nur gelangweilt sind?

Und vor allem können wir das verändern, zum Bespiel indem wir der Einsamkeit andere Namen geben. Wir können zu ihr sagen:

- Zeit für mich,
- Luxus,
- Mußestunden,
- freie, ungestaltete Zeit
- oder zeitlicher Spielraum.

Worte sind das Gefäß für unsere Gefühle. Allein eine Situation anders zu benennen, kann uns in einen positiveren Zustand bringen.

Kleine, selbstbestimmte Pippi

Wenn überhaupt jemand Grund zum Einsamkeitsgejammer hat, dann doch Pippi! Oder etwa nicht? Sie wohnt allein in einem großen Haus, die Mutter ist tot, der Vater weg und Geschwister gibt es auch nicht. Selbst ihre Freunde, die Matrosen, sind wieder auf See. Niemand ist da, der ihr über den Kopf streichelt oder abends ein Lied vorsingt. Wie kommt es nur, dass in der ganzen Geschichte keine einzige Klage vorkommt? Immer ist Pippi munter, höchstens einmal ein wenig nachdenklich. Das kann sie ganz gut, das Nachdenken. Sie nimmt sich dafür auch richtig Zeit.

Im Grunde tut sie das, was wir Ihnen vorgeschlagen haben. Ohne Räucherstäbchen oder irgendeine Art von Meditation fühlt Pippi in sich hinein. Sie geht ihren Gefühlen nach und lernt dabei sehr gut zu unterscheiden, ob es eine Traurigkeit ist, die sie überfällt, eine Langeweile, eine Laune oder vielleicht ein leicht zu stillendes Bedürfnis.

Wenn sie ein Bedürfnis feststellt, dann macht sie sich umgehend auf den Weg, es zu stillen. Indem sie zum Beispiel mit sich schottisch tanzt. Wenn sie gerne ein Nachtlied hören möchte, dann summt sie es sich selbst. Es macht ihr nichts aus, dass sie sich selbst ihre Bedürfnisse stillen muss, denn sie hat Freude daran, sich selbst eine Freude zu bereiten. Nebenbei bekommt sie das Lied zu hören, das sie auch wirklich hören will.

Jetzt mögen Sie vielleicht denken, dass ein selbst gesungenes Abendlied doch kein Ersatz für das Lied von einer Mutter oder einem Vater ist. Ist es auch nicht – und es liegt uns fern, das eine mit dem anderen zu verwechseln. Aber wie wäre es denn, Sie würden sich jetzt trotzdem mal ein Lied vorsummen. Eines, das auch schöne tiefe Töne hat, sodass Sie den Resonanzraum Ihres Bauches fühlen können? Haben Sie bei den tiefen Tönen gemerkt, wie schön es ist, sich selbst zu spüren? Und haben Sie auch die möglicherweise erst einmal ungewohnte Intimität mit sich selbst wahrgenommen? Sehr oft plappern oder summen wir vor uns hin. Sich selbst jedoch bewusst ein ruhiges Lied zu summen, hat eine ganz eigene Qualität. Wir sind uns dann nah, spüren uns und brauchen dazu niemand anderen ...

Das ist es, was Pippi abends vor dem Einschlafen genießt! Und damit es noch ein wenig mehr Laune macht, liegt sie dabei im Bett verkehrt herum und wackelt mit den Zehen. Pippi schaut nicht links, nicht rechts, weint weder den Eltern noch Thomas oder Annika hinterher, sondern sie ist ganz bei sich.

Sie schlief immer mit den Füßen auf dem Kopfkissen und mit dem Kopf tief unter der Decke.

»So schlafen sie in Guatemala«, versicherte sie. »Das ist die einzig richtige Art zu schlafen. Und so kann ich auch mit den Zehen wackeln, wenn ich schlafe. Könnt ihr ohne Wiegenlied einschlafen?«, fuhr sie fort. »Ich muss mir immer erst eine Weile was vorsingen, sonst krieg ich kein Auge zu.«

Thomas und Annika hörten es unter der Decke brummen.

Wer ganz bei sich ist, der ist eigentlich nie richtig einsam. Nur manchmal allein. Und das ist oft ein richtiger Genuss!

Pippi würde das sehr merkwürdig vorkommen, wenn sie immer auf andere Kinder angewiesen wäre. Sie hätte keine Lust zu warten, bis jemand an die Tür klopft, damit sie etwas erleben kann. Wir vermuten sogar, es wäre ihr gar nicht recht, wenn ständig jemand um sie herum wäre. Frech und ungeniert plant sie die schönsten Dinge mit sich selbst. Pippi braucht kein Kinderheim, um sich sicher zu fühlen. Erinnern Sie sich:

Sie trägt ein ganzes Kinderheim in sich. »Ich bin ein Kind und das ist ein Heim, also ist es ein Kinderheim!« Und Platz hat sie in ihrer Villa Kunterbunt genug.

Einsam ist man nur ohne sich selbst

Jetzt wissen Sie bereits, dass Alleinsein mit Einsamkeit nichts zu tun hat. Einsamkeit ist für manche ein Genuss. Oft ist sie für eine bestimmte Zeit selbst gewählt. In die Einsamkeit zu gehen heißt: Ich widme mich ganz mir selbst. Lese, male, schreibe, dichte oder hänge meinen Gedanken nach. Wir können höchst erquickt aus einer Einsamkeit zurückkommen, ganz fröhlich und unbeschwert.

Erst wenn wir den Kontakt zu uns selbst verlieren, verwandelt sich das Alleinsein in ein unschönes Gefühl, das ist der Punkt, an dem viele Menschen beginnen, eine Erfüllung im Außen zu suchen.

Von Pippis glücklichem Alleinsein kann man folgendes Vorgehen lernen:

1. Treten Sie in Kontakt mit sich
2. und dann erst in Kontakt mit anderen.

Sie wissen dann, welches Bedürfnis Sie wirklich haben und können es stillen. Sind Sie gelangweilt? Dann unterhalten Sie sich oder rufen Sie eine Freundin an, die unterhaltsam ist (und kein Sorgenpaket). Suchen Sie Austausch mit anderen? Dann ist vielleicht eine Gruppe, eine Initiative für Sie interessant. Sind Sie auf der Suche nach einer Liebesbeziehung? Dann fragen Sie sich, welcher Art diese sein soll.

Einsamkeit ist ein Gefühl, das Sie verändern können. Zum Beispiel, indem Sie sich ein Lied summen oder sich selbst eine Geschichte erzählen. Auch indem Sie wissen, dass Sie der Einsamkeit nicht ausgeliefert sind. Sie bestimmen, wie lange Sie allein sein möchten, das heißt auch, sich Gäste einzuladen, wenn Sie satt von sich selbst sind.

Manchmal wehren wir uns gegen diese Verantwortung. Wir

möchten dann, dass das Telefon endlich klingelt, damit »in Gottes Namen endlich etwas passiert«. Das Telefonkabel hat aber zwei Enden! Das heißt, wir können und sollten auch aktiv werden. Es gibt Tage, da ärgert uns das, da wollen wir nicht auch noch für unsere Freizeitgestaltung verantwortlich sein. Indem Sie solche Gedanken erkennen und sich bewusst machen, woher sie vielleicht rühren, sind Sie lustigerweise schon wieder dabei, Verantwortung für Ihre Tage zu übernehmen. Je mehr Sie sich mit sich selbst beschäftigen, desto weniger werden Sie sich los. Aber, und das ist das Schöne an der Botschaft: Je mehr Kontakt Sie zu sich haben, desto mehr Selbstbewusstsein und Selbstvertrauen gewinnen Sie dazu. Sie müssen nun nicht mehr warten, bis das Telefon klingelt und irgendjemand Sie einlädt, mit dem Sie vielleicht gar keine Zeit verbringen möchten, sondern sind sich Ihrer selbst sicher.

Zufrieden allein sein können befreit!

Lange genug haben Sie sich an Ihr Adressbuch festgeklammert und gemeint, Sie müssten auch noch die letzten uninteressanten Adressen darin stehen lassen. Ganz besonders für den einsamen Tag, an dem alle keine Zeit haben und nur noch diese eine, selten gewählte Telefonnummer übrig bleibt. Wie einsam, denken Sie, müssen Sie sich fühlen, um eine solche Nummer anzuwählen? Meinen Sie, Pippi Langstrumpf würde solch eine Telefonnummer für den Fall der Fälle archivieren? Lieber würde sie einen Tag freiwillig zur Schule gehen! Also weg mit all den Telefonbuchleichen, die Sie schon lange nicht mehr wirklich treffen möchten.

Ein neuer Tag beginnt und mit ihm ein neues Adressbuch! Kaufen Sie sich ein hübsches Exemplar, und tragen Sie nun nur die Nummern und Kontakte ein, die sinnvoll sind oder die zu Menschen gehören, mit denen Sie wirklich gerne Zeit verbringen.

Je mehr Qualität Sie bei Ihren Kontakten und Freundschaften suchen, desto lieber wollen diese Menschen mit Ihnen Zeit verbringen. Wer nur nach einer möglichst großen Quantität an Bekanntschaften sucht, ist niemandes echter Freund. Mit dem heutigen Tag können Sie beginnen, dies zu verändern.

8.

Ohne Plutimikation geht's auch – lassen Sie sich nicht manipulieren

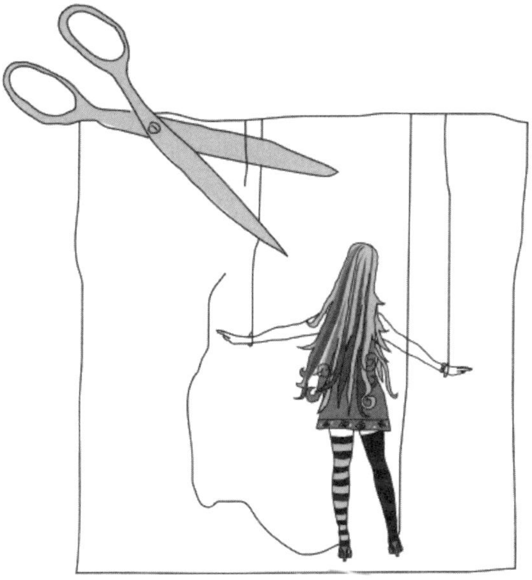

Vielleicht hoffen Sie jetzt, dass wir Ihnen sagen: »Weiterbildungsangebote ins Altpapier! Zieh deinen Antrag auf ein Training zurück, wirf dein Studium hin oder hänge deinen Kurs an der Volkshochschule an den Nagel. Du brauchst nichts von alledem, sondern es genügt ein bisschen selbstbewusst und merkwürdig zu sein – und schon ist die Welt in schönster Ordnung.«

Und vielleicht denken Sie sich dabei: »Pippi geht ja schließlich auch nicht in die Schule. Wenn ich mir schon bei ihr ein paar Scheiben abschneiden soll, dann entscheide ich mich doch glatt für ihre Art von sympathischer Faulheit. Was soll die ganze Bildung – die Hälfte der Menschheit ist so oder so arbeitslos.«

Leider können und wollen wir Sie in diesen Gedanken so gar nicht unterstützen. Es tut uns aufrichtig leid! Und wenn Sie der Ansicht sind, dass Pippi lernfaul ist, dann sollten Sie sich ihre Geschichten wirklich mal wieder auf den Nachttisch legen. Liest man Pippi Langstrumpf nämlich richtig, dann stellt man bald fest, dass Pippi alles andere als eine faule Socke ist. Sie lernt – und zwar täglich und mit Vergnügen.

Während Annika und Thomas jeden Morgen lustlos in die Schule traben, hat sich Pippi ihr eigenes Pflichtprogramm zusammengestellt. Sie weiß, dass ihr Geist Anregung braucht und deswegen zeichnet sie ein wenig, kümmert sich um ihre Tiere oder schlägt mal eben 43 Purzelbäume hintereinander. Auch wenn sie nicht besonders gut rechnen kann, weiß Pippi, dass sie viel Geld besitzt. Sehr viel Geld! Das will gezählt, versteckt und ausgegeben werden.

Andererseits, Annika und Thomas sind auch zu verstehen, wenn sie aus dem Fenster ihrer Klasse schauen und sich ausmalen, wie gut es Pippi doch hat, da sie keine Schule besucht und nicht nach den Vorgaben eines Curriculums addieren, subtrahieren oder dividieren lernen muss. In ihrem Leben braucht es keine Schönschrift, und die wichtigsten Länder erkundet sie von allein (und sei's in einem Traum). Ist das nicht für uns alle eine reizvolle Vorstellung?

Während sich die anderen Kinder mit ihren Hausaufgaben abquälen, sitzt Pippi auf der Veranda und beschäftigt sich mit Himmel und Wolken. Sie betrachtet ihre Rosen, die zwar nicht edel sind, aber dafür köstlich duften, die alten Eichen, die Ulmen, den hohlen Baum. Wenn das kein Leben ist! Man könnte glatt ein wenig neidisch werden. Und so ergeht es nicht nur den Erwachsenen, sondern auch Thomas und Annika. Obwohl sie Pippi sehr mögen und liebend gern ihre Zeit in der Villa Kunterbunt verbringen, schmieden sie eines schönen Tages einen Plan.

Beide überlegen sich, auf welche Weise man Pippi die Schule schmackhaft machen könnte. Wäre Pippi in der Klasse, würden sich daraus nämliche einige, sehr spezielle Vorteile ergeben. Sie könnten mit Pippi ein wenig angeben. Oder Pippi würde Blödsinn machen. Sicher gelegentlich Eis für die ganze Klasse spendieren. Und die Lehrerin wäre mit ihr regelmäßig so intensiv beschäftigt, dass die anderen Kinder im Unterricht pausieren können.

»Aber wir machen bald einen Ausflug«, sagte Annika. »Die ganze Klasse.«

»Jammervoll«, sagte Pippi und biss in den einen ihrer Zöpfe. »Jammervoll! Und ich darf natürlich nicht mit dabei sein, nur weil ich nicht in die Schule gehe! Die Leute scheinen doch wirklich zu glauben, sie können mit einem machen, was sie wollen, nur weil man nicht in die Schule gegangen ist und Plutimikation gelernt hat.«

»Multiplikation!«, sagte Annika nachdrücklich.

»Das sag ich ja – Plutimikation.«

»Wir gehen eine ganze Stunde ganz weit in den Wald hinein. Und da spielen wir«, sagte Thomas.

»Jammervoll«, sagte Pippi noch einmal.

Thomas und Annika sehen viele Vorteile, wäre Pippi ihre Klassenkameradin, aber alle diese Überlegungen klingen weder nach Motivation noch nach einer Einladung. Also drehen Annika und Thomas die Idee herum. Pippis Vorteil verwandeln Thomas und Annika flink und schlau in ihren Verlust. Nicht mehr sie wollen neidisch sein, sondern Pippi soll es werden. Immer häufiger beginnen sie ab jetzt von den angenehmen Seiten der Schule zu berichten.

Ganz schön clever! Annika und Thomas malen den Unterricht mit den blumigsten Worten aus, damit Pippi nach dem Köder schnappt und mit ihnen in die Schule kommt. Nicht etwa, damit es Pippi gefällt und sie etwas lernt, nein, es soll Annika und Thomas nicht mehr so langweilig sein. In diesem Kapitel schmieden also zwei kleine Egoisten ihren Plan. Der dröge Schulalltag soll mit Hilfe von Pippi etwas munterer werden. Und da Pippi mit ihrer Merkwürdigkeit und ihrem Selbstbewusstsein immer für Rummel sorgt, ist die Idee, sie für die Schule zu gewinnen, gar nicht mal so schlecht. Die Spaßgarantie nimmt allein bei der Vorstellung deutlich zu.

Trotz ihrer Unabhängigkeit fällt Pippi kurzzeitig auf Thomas' und Annikas Manipulation herein – wie wir, wenn wir uns besonders gewieften Verkäufern oder einer mit großen Tränendrüsen ausgestatteten Freundin gegenübersehen.

Es gibt zum Beispiel Verkäufer, die schlagen uns mit unseren eigenen Waffen, indem sie einen Produktaspekt herausstellen, von dem sie annehmen, dass er uns ganz wichtig ist. So ergeht es auch Pippi in dem vorhergehenden Ausschnitt. Natürlich ist sie an der Schule nicht interessiert, aber dennoch wirkt dann auf einmal ein ganz kleines, nahezu abstruses Argument, denn Thomas und Annika erklären ihr ja, dass Kinder, die nicht in die Schule gehen, auch niemals Ferien haben. Niemals und unter keinen Umständen! Für Pippi sind diese Schulferien wie eine Wurst, die ihr vor der Nase baumelt. Sie versucht danach zu schnappen. Ferien hat sie nie, aber Pippi weiß, wie fröhlich und aufgeregt Kinder sind, wenn die Ferienzeit losgeht. Also verbindet sie damit besonderes Vergnügen. Das will sie auch und es ist ungerecht, findet sie, dass alle Kinder außer ihr Ferien haben und damit bevorzugt sind. Sie denkt nach und kommt zu dem Schluss, dass sie wohl ab jetzt einen Schulranzen packen muss, will sie ebenfalls Sommerferien haben. Auch hier können wir von Pippi Langstrumpf lernen – und zwar, wie Manipulation funktioniert, woran man sie erkennt und wie man sich gegen sie wehren kann.

Manipulation erkennen

Und wie schön: Pippi hat nicht gemerkt, dass sie eigentlich immer Ferien hat. Thomas und Annika können sich bereit erklären, Pippi mitzunehmen, weil sie so eine gute Freundin ist. Sicher sind auch Sie, wie wir selbst, schon mehr als einmal anderen Menschen in die Falle gegangen, weil man Ihnen eine Sache als Mangelware erklärte oder versuchte, Sie moralisch unter Druck zu setzen. Das ist auch eine Möglichkeit, Menschen zu etwas zu bewegen, das diese erst einmal nicht wollen. Es gibt da ein paar oft verwendete Sätze:

- Wenn keiner von euch mitgeht, dann bleibe ich auch daheim!
- Man kann sich bei dem Club nicht anmelden, das geht nur auf Einladung.
- Das Konzert ist schon ziemlich ausverkauft.
- Geh doch mit! Allein schaffe ich das nie.
- Kannst du das nicht für mich machen? Du bist doch darin so gut!
- Ich bin verbal nicht so versiert wie du! Bring du das in die Sitzung ein.
- Wenn ich mich für dich einsetze, dann nehmen die dich vielleicht auch mit.

Klingt alles nach großen Geschenken und Freundschaftsbeweisen. Kommt aber darauf an, welcher Plan dahinter steht. »Gehst du schwimmen? Nein? Dann geh ich auch nicht!« Will jetzt jemand mit Ihnen seine Zeit verbringen, oder geht es eher darum, Sie im Namen der Freundschaft zu etwas zu bewegen, da Sie den anderen ja nicht um sein Vergnügen bringen wollen.

Weil jemand in uns einen Gewinn sieht, eine Bereicherung für langweilige Abendrunden und dröge Fitnessaktivitäten, versucht er seinen Köder auszuwerfen. Es soll durch uns lustiger werden, oder wir dienen als Garant, dass er selbst etwas durchhält.

Beispiel: Sabrina kennt das gut. Sie ist 31 Jahre und lernt Spanisch, obwohl sie noch nie in Spanien war. »Eine mir liebe Kollegin rief mich eines Tages an und meinte, ich müsse Spanisch lernen. Das sei die wichtigste Wirtschaftssprache, meinte sie, und ich würde meinen Beruf nicht ernst nehmen, wenn ich nicht Spanisch lernen würde. Ohne Spanischkenntnisse sei heutzutage jede Bewerbung chancenlos. Ich war sehr verdutzt. Warum war ich nicht allein auf die Idee gekommen? Vielleicht, weil ich auch im Urlaub eher nach Frankreich oder Italien fuhr? Ich stimmte zu, und wir meldeten uns an. Nach vielen Wochen gestand sie mir dann, dass sie sich ohne mich nie angemeldet hätte. Allein hätte sie nicht durchgehalten. Ich sei immer so zuverlässig und würde nie etwas schleifen lassen, deswegen hätte sie sich an mich drangehängt!«

Nun hoffen wir inständigst für Sabrina, dass sie dem Kurs dennoch etwas abgewinnen konnte, denn schließlich haben wir es hier ganz klar mit Manipulation zu tun. Sabrinas Kollegin hat etwas ganz anders dargestellt, als es ist, um einen eigenen Vorteil zu gewinnen. Das ist ein cleverer, aber unfairer und schon gar nicht freundschaftlicher Zug. »Ich bin allein zu faul, geh mit!« hätte sicher nicht gewirkt. Aus diesem Grund wurden die fehlenden Spanisch-Kenntnisse mal eben schnell zur Bildungslücke deklariert. Damit wurden die Chancen viel größer, bei der zuverlässigen Sabrina Neugier zu wecken. Und die Rechnung ging auf.

Nicht immer geht es also um unser Wissen oder Wohlbefinden, wenn jemand versucht, uns einen Kurs, ein Produkt oder ein Fitnessangebot schmackhaft zu machen. Oft soll es durch uns nur unterhaltsamer oder angenehmer werden. »Das ist toll!«, hören wir oder: »Dieses Workout ist super!« – und in Wirklichkeit stimmt weder das eine noch das andere, sondern wir sollen zu etwas verführt werden, weil der andere keine Lust hat, allein zu sein.

Thomas sagt so zu Pippi: »Denk nur, wie lustig es wäre, wenn wir zusammen nach der Schule nach Hause gingen.« Ja, ja, sehr lustig. Besonders die Stunden davor! Und dann hängt er noch dran, dass Pippi ja nicht ahnen würde, wie nett die Lehrerin sei. Thomas schafft bei Pippi einen Bedarf, so wie Sabrina auf einmal der Ansicht ist, sie habe eine offensichtliche Bildungslücke.

Wann wurden Sie das letzte Mal manipuliert?

Erinnern Sie sich: Wann haben Sie an etwas teilgenommen, was Sie im Grunde gar nicht interessierte, nur weil ein anderer Mensch zu Ihnen sagte:

- Das ist aber ein MUSS!
- Ganz klar, das ist der Trend.
- Wie? Das kennst du nicht?
- Ach je, das weißt du nicht?
- Ich war total sicher, dass du dich schon längst angemeldet hast.
- Na, wenn du nicht mitmachst, dann bist du aber außen vor.
- Ich bin überrascht, dass dich das nicht interessiert!
- Bist du etwa konservativ?

Was hier im Kleid von Behauptungen oder Besserwissen daherkommt, sind nichts anderes als Überredungsversuche. Außen vor zu sein ist in unserer heutigen Zeit ein Makel. Wer informiert sein und Karriere machen will, der darf nicht außen vor sein. Das gleiche gilt für konservativ, das viele Menschen mit unflexibel gleichsetzen. Wie peinlich, so unwissend durch die Welt zu laufen, denken Sie sich und willigen in eine Sache ein.

Menschen versuchen uns zu gewinnen, ohne deutlich zu werden, worum es wirklich geht. Nicht Sie sollen etwas lernen, sondern jemand braucht Sie, damit er lernen kann. Das nur als Beispiel. Überredungsversuchen begegnen wir täglich. Manchmal schmeichelt uns jemand, und manchmal sind die Aussagen negativ und abwertend. Damit sollen wir dann unter Druck – Entscheidungsdruck – geraten.

Ein Beispiel für kommerziell motivierte Manipulation ist Direktmarketing, wodurch Sie sich Werbung und Verkauf direkt ins Haus holen. Nicht mehr fremde Verkäuferinnen versuchen Ihnen etwas anzudrehen, sondern auf einmal ist es Ihre Freundin. Direktmarketing ist sehr erfolgreich, es werden damit Küchenmaschinen, Kosmetik, Wein, Kerzen und vieles mehr verkauft. Der Trick ist: Ihre Freundin oder gute Nachbarin empfiehlt Ihnen etwas. Und die empfiehlt nur gute Sachen ...

✗ **Beispiel:** »Lass mich mal deine Haut sehen. Pflegst du die?« »Ja, äh, öh.«

»Wir sind ja unter uns ...«

»Mmmh.«

»Mit was denn?«

»Mmmh. Verschiedene Produkte.«

»Also deine Haut sieht, unter Freundinnen, etwas vernachlässigt aus. Das kannst du dir in deinem Alter nicht mehr leisten!«

Vernachlässigte Haut! Das ist ja eine schlimmere Aussage als Besenreiser oder Pickel. Wer will die schon haben? Und schwuppdiwupp sind Sie 150 Euro für Cremes und Lotionen los, weil Ihre gute Freundin praktischerweise ein Produktköfferchen dabei hat.

Was wir bei Werbung als offensichtliche Absicht erkennen, bleibt uns im Freundeskreis meist verborgen. Daher ist es wichtig, sich bewusst zu machen, dass Menschen häufig eigene Interessen verfolgen, wenn sie uns zu irgendetwas überreden wollen. Auch wir versuchen, mal bewusst, mal unbewusst, Menschen für etwas zu begeistern, für das uns selbst die rechte Begeisterung fehlt.

Man verspricht uns dann einen »Gewinn«. Manchmal ist dieser Gewinn auch Zuneigung: Dann wird uns versprochen, dass man uns lieber mag, wenn wir dies oder jenes tun.

Oft genug merkt dieser Mensch nicht, was er da mit uns macht. Oder wir merken es nicht, wenn wir versuchen, zum Beispiel eine Freundin aus Eigennutz zu überreden. Wir meinen es doch gar nicht böse, wir wollten nur etwas Bestimmtes.

- Komm, wir trinken noch ein Glas Wein!
- Also nein, du isst jetzt aber drei Kugeln Eis.
- Wie, du hast keine Lust mitzugehen? Natürlich hast du Lust.

Freunde können uns zu Nachtwanderungen und Alpentouren einladen, weil sie allein nicht losziehen wollen. Im Grunde ihres Herzens sind diese Freunde aber davon überzeugt, dass sie uns etwas Gutes tun. Wir sollen angeblich die Natur bei Nacht besser kennen lernen und den Blick über die Alpenlandschaft genießen. Weil das so toll ist und weil uns das fehlt. Wir wissen es nur noch nicht, weil wir noch nie mit dabei waren. Deswegen gehen wir mit – und deswegen geht auch Pippi in die Schule. Aber Pippi lehrt uns auch, die Manipulation ad absurdum zu führen und so mit ihren eigenen Waffen zu schlagen, wie zum Beispiel im Falle der angeblich so wundervollen Schulferien:

»Da lobe ich mir die Schule in Argentinien«, sagte Pippi und sah auf die anderen Kinder herunter. »Dort solltet ihr hingehen. Da fangen die Osterferien drei Tage nach den Weihnachtsferien an, und wenn die Osterferien zu Ende sind, dauert es drei Tage, und dann fangen die Sommerferien an. Die Sommerferien hören am 1. November auf, und dann muss man sich ordentlich abrackern, bis am 11. November die Weihnachtsferien anfangen. Aber das muss man aushalten. Jedenfalls hat man keine Schularbeiten. In Argentinien ist es streng verboten, Schularbeiten zu machen …«

Mal ehrlich – hin und wieder manipuliert jeder von uns

Wann haben Sie einen anderen Menschen überredet, an etwas teilzunehmen, weil es für Sie dann schöner oder angenehmer war? Gab es Partys, zu der Sie ihre beste Freundin mitschleppten, obwohl Sie wussten, dass Ihre Freundin sich tödlich langweilen wird – aber auf diese Weise waren Sie nicht allein? Ganz ehrlich: Welchen Anlass gab es? Welche Erleichterung haben Sie sich erhofft oder erwartet?

Daran sieht man: Wir alle überreden manchmal – genauso wie wir überredet werden. Auch wenn das nicht gerade rühmlich ist: Ohne gegenseitige Beeinflussung geht es in zwischenmenschlichen Beziehungen nicht. Sauer werden wir nur, wenn uns etwas dann gar nicht gefällt oder wir uns ausgenutzt fühlen.

Deshalb ist es so wichtig, manipulative Ansätze zu durchschauen und sich bewusst zu machen: Wir konnten entscheiden. Wir hatten die Wahl und haben in die Banane hineingebissen, obwohl wir Bananen gar nicht mögen. Wir können es nicht verhindern, dass immer mal wieder jemand versucht, uns eine Banane schmackhaft zu machen. Das einzige, was wir verändern und verbessern können, ist unser Selbstbewusstsein, um zukünftig bestimmter »Nein!« zu sagen.

Die Pippi-Botschaft »Es geht auch ohne Plutimikation« bedeutet also nicht: »Rauf auf die faule Haut!«, sondern unsere kleine Freundin will uns dazu ermuntern, uns selbst treu zu bleiben. Sich selbst treu zu sein, bedeutet nachzudenken, wohin man im Leben will, was man dafür braucht und erst dann zu entscheiden, welche Angebote sinnvoll sind und welche nicht. So wird man weniger manipulierbar.

Manchmal müssen wir, damit wir die richtige Entscheidung finden können, erst einmal etwas versuchen oder ausprobieren. Auch Pippi geht ja in die Schule, um bald festzustellen, dass diese Art des Lernens ihr nichts bringt. Aber es hätte natürlich auch sein können, dass sie es richtig toll findet. Dabei darf man aber nicht übersehen: Wäre es Thomas und Annika allein darum gegangen, hätten sie ihr Angebot sicherlich anders verpackt und präsentiert.

Trauen Sie sich, Nein zu sagen

Wie findet man heraus, ob eine Einladung ehrlich ist? Indem man hinhört und sich genau überlegt, aus welchem Mund ein Angebot kommt und ob dahinter eine bestimmte Absicht steckt. Das Angebot selbst ist meistens neutral. Es kann gut sein oder unwichtig. Der Veranstaltungskalender Ihrer Stadt ist beispielsweise voller Angebote. Sie müssen entscheiden, ob eine Unternehmung für Sie interessant ist oder nicht.

Um ein gutes Angebot handelt es sich immer dann, wenn wir uns darauf freuen oder die Wahrscheinlichkeit besteht, dass wir bereichert werden. Ein motivierendes Angebot einer Freundin ist, wenn sie sich Gedanken für uns macht und uns dann dazu einlädt, ein bestimmtes Angebot anzuschauen. »Wäre das nicht etwas für dich?«, wird sie dann möglicherweise fragen. Vielleicht bietet sie uns sogar ihre Begleitung an, damit uns die Entscheidung leichter fällt. Wenn wir hingehen, ist es in Ordnung, und wenn nicht auch. Diese Einstellung ist mitfühlend und sehr freundschaftlich. Wir werden ermuntert, eine Seite in uns zu vervollkommnen, die noch ein wenig Glanz nötig hat. Entscheidend ist: Unsere Freundin wird es uns nicht übel nehmen und auch nicht auf uns einreden, wenn wir uns dazu entschließen, das Angebot nicht oder noch nicht anzunehmen.

Wenn Sie also festgestellt haben, was die Absicht hinter einer Einladung oder Aufforderung ist, können Sie leichter entscheiden, wie Ihre Reaktion darauf aussehen sollte.

Machen Sie sich klar: Die Entscheidung gegen eine Aktivität mit Freunden gehört zu Ihrem Leben dazu. Menschen, die darüber hinweggehen und Sie zwingen wollen, sich für etwas zu entscheiden, das jetzt noch nicht ansteht, sind keine Freunde, sondern Egoisten. »Ach stell dich doch nicht so an und sei kein Spaßverderber!«, hören Sie dann vielleicht. Aber Sie wollten niemandem die Laune verderben, sondern brauchen einfach nur ein wenig Zeit.

Die Begründung für Ihre ablehnende Entscheidung könnte vielleicht so aussehen:

- Ich weiß, dass ich es brauche, aber ich habe jetzt noch keine Lust.
- Heute ist nicht der richtige Tag dafür.
- Es passt mir nicht.

- Ich bin zu schlecht gelaunt.
- Heute bin ich zu müde.

Wenn also etwas noch nicht oder gerade eben nicht passt, dann gönnen Sie sich den Luxus, Nein zu sagen. Wirklich gute Freunde werden das verstehen und Ihnen die Zeit geben, die Sie brauchen. Menschen, denen Sie am Herzen liegen, achten Ihre Bedürfnisse und trachten nicht nach dem eigenen Vorteil, denn Respekt und Achtung gehören zu den wichtigsten Kriterien für eine Freundschaft. Sollte Ihre kleine Pause ein längerer Rückzug werden, erbitten Sie sich die Rückmeldung von nahen Freunden. Denn schließlich machen gemeinsame Aktivitäten ja auch eine Freundschaft aus – wenn Sie also über sehr lange Zeit nichts gemeinsam übernehmen, dürfen Ihre Freunde ruhig Alarm schlagen. Dann können Sie Ihre Haltung rechtzeitig hinterfragen, ohne dass sie vorher immer aus Prinzip allen Vorschlägen zustimmen müssen.

Übung

Üben Sie gezielt ein »Nein«. Wie gehen Sie damit um, wenn Ihnen jemand etwas »verkaufen« will? Das kann Liebe, Freundschaft oder ein Produkt sein. Greifen Sie zu, um andere nicht zu enttäuschen? Oder wollen Sie schnell wieder Ihre Ruhe haben?

Überlegen Sie sich drei Lösungen, wie Sie das nächste Mal reagieren könnten, also zum Beispiel ablehnen oder eine Unternehmung vertagen, wenn Sie das wollen. Drei Lösungen bieten Ihnen viel Möglichkeit zur Veränderung und Wahl.

Am Rande: Werbung kann selbst die Gesündeste kaputtmachen!

Es gibt eine Menge Leute, die uns ständig und ausdauernd sagen wollen, was wir alles brauchen, um en vogue oder topaktuell zu sein. Riesige Unternehmen überlegen sich, welche verschiedenen Bedürfnisse noch geweckt werden könnten. Krankheiten werden erfunden, damit sich Medikamente besser verkaufen. Oder es geht um das, was Werbung uns als Schönheit und gutes Aussehen verkaufen möchte.

»Da steht ›Leiden Sie an Sommersprossen?‹«, sagte Annika.

»Wirklich?«, sagte Pippi nachdenklich. »Naja, eine höfliche Frage verlangt eine höfliche Antwort. Kommt, wir wollen reingehen.«

[…] Hinter dem Ladentisch stand eine ältere Dame. Pippi ging direkt auf sie zu.

»Nein«, sagte sie bestimmt.

»Was möchtest du haben?«, fragte die Dame.

»Nein«, sagte Pippi noch einmal.

»Ich verstehe nicht, was du meinst«, sagte die Dame.

»Nein, ich leide nicht an Sommersprossen«, sagte Pippi. Jetzt verstand die Dame. Sie warf einen Blick auf Pippi und stieß hervor:

»Aber liebes Kind, du hast ja das ganze Gesicht voll Sommersprossen!«

»Klar«, sagte Pippi, »aber ich leide nicht an ihnen. Ich hab sie gern. Guten Morgen!«

Es wird eine Menge Geld in Unternehmensabteilungen gepumpt, die für PR und Werbung zuständig sind. Das bezieht sich nicht allein auf Produkte, die zu kaufen sind, sondern auch auf Bildung oder Trends. Sehr häufig wird mit dem schlechten Gewissen der Konsumenten gearbeitet. Wir sollen uns zu dick, zu dumm oder bedürftig fühlen. Wenn wir dieses oder jenes erstehen oder mitmachen, verspricht man uns, dann sind wir dabei! Dabei zu sein verspricht, dass man nicht mehr allein ist, einer Gruppe angehört und es dadurch etwas Verbindendes gibt, über das man gemeinsam reden oder an dem man gemeinsam teilhaben kann. Erinnern Sie sich noch mal an Thomas und Annika: Auf welche Weise versuchen sie, Pippi zu gewinnen? Nicht anders arbeiten diejenigen, die in der Mode- und Lifestylebranche etwas verdienen möchten.

Wir sollen

- verschiedene Magazine kennen und lesen,
- wissen, welche Mode gerade gefragt ist,
- neue Trendsportarten erlernen,
- alle Funktionen unseres Handys benutzen können,
- den Computer im Schlaf beherrschen,
- unbekannte Länder bereisen,
- Bücher lesen,
- Diätprogramme unterscheiden können.

... und es gibt noch viel mehr, was wir alles können, wissen und beherrschen sollen.

Wir wollen nicht auffallen und nicht aus einer Gruppe herausfallen, deswegen sind wir so bemüht, uns den peinlichen Moment des »Waaaas? Das kennst du nicht?« zu ersparen. Unsere größte Angst ist, den anderen als dumm oder ungebildet zu erscheinen oder so zu wirken, als würden wir »hinter dem Mond leben«. Genau aus diesen Gründen geht die Rechnung der Werbung und vieler PR-Maßnahmen auf. Die Sache ist nur die, dass wir nie alles werden wissen können! Die Sommersprossen-Episode zeigt: Haben Sie Mut, Ihre Bedürfnisse selbst zu bestimmen. Dazu kann es hilfreich sein, sich noch einmal an Kapitel 6 zu erinnern: Wie erleichternd es ist, nicht ganz perfekt zu sein.

Der Trick mit der »Wissenslücke«

Wenn Sie zu Ihrem Nicht-Wissen stehen, kann das ein großer Vorteil sein. Pippi weiß, was sie kann, was sie nicht kann und was sie niemals können wird. Und sie überprüft, wer etwas sagt, bevor sie es einfach in ihr Leben übernimmt.

»Wer hat eigentlich zuerst herausgefunden, was die Wörter bedeuten sollen?«, fragte Thomas. »Vermutlich ein Haufen alter Professoren«, sagte Pippi. »Und man kann wirklich sagen, dass die Leute komisch sind. Was für Wörter sie sich ausgedacht haben ... kein Mensch kann begreifen, wo sie das herhaben.«

Es lohnt sich, es Pippi gleich zu tun und »ausgedachte Wörter« für sich zu überdenken und zu definieren.

X **Beispiel:** Mercedes, 31 Jahre arbeitet als Journalistin. Sie hat den Anspruch, informiert zu sein. Eine Kollegin von ihr ist mit einem Theatermann befreundet, der derzeit an einer kleinen Theaterproduktion arbeitet. Eine alte Schauspielerin hat darin einen einzigen Satz. Mercedes sagt der Name der Schauspielerin nichts. »Waaaaas?«, empört sich ihre Kollegin. »Die kennst du nicht? Das ist aber eine Bildungslücke!«

Peng! Der Vorwurf sitzt. Zumal Mercedes für ein People-Magazin arbeitet. Sie läuft rot an und bekommt ein schlechtes Gewissen. Hoffentlich erzählt die Kollegin nicht weiter, wie ungebildet Mercedes ist.

Hier zeigt sich eine besonders perfide Art der Manipulation: Mercedes fühlt sich ertappt und ist ihrer Kollegin später vermutlich sogar dankbar, dass diese ihr die Chance gibt, diese angeblich so berühmte Schauspielerin leibhaftig auf der Bühne zu sehen. Und damit hat die Kollegin ihr Ziel erreicht.

Genauer betrachtet wollte sie (wie Annika und Thomas es ja auch versucht haben) Mercedes nämlich für etwas gewinnen. Deswegen der Köder mit dem Alt-Star. Angenommen, Mercedes würde nach dem Köder schnappen, dann wären die Chancen für ein Interview oder einen Bericht realistisch, und die kleine Theaterproduktion würde etwas an Öffentlichkeit gewinnen. Der Kollegin liegt etwas daran, und deswegen macht sie die Produktion wichtiger als sie ist.

Zum Glück lässt sich Mercedes nur einen Augenblick beeindrucken. Nach kurzer Recherche weiß sie, dass ihre so große Bildungslücke minimal ist, aber die Lust auf das Stück ist ihr vergangen. Pech für die Kollegin und die Produktion, denn jetzt ist nicht mal eine kleine Werbung drin.

Auch an diesem Beispiel zeigt sich wieder: Es ist wichtig für uns zu erkennen, wie schnell wir uns von anderen etwas einreden lassen. Schon ein paar hochgezogene Augenbrauen und der Mund geformt zu einem »Ohhh!« können da häufig genügen. Wie Pippi machen wir uns auf den Weg. Wir wollen möglichst unauffällig das Versäumte einholen. Und wie Pippi stellen wir bald fest, dass das angeblich so Interessante und unbedingt Wichtige nur bedingt interessant und längst nicht wichtig war.

Machen Sie sich locker!

Was Pippi möchte, ist, dass wir loslassen. Loslassen von Ängsten und den Vorstellungen, wie andere uns erleben. Solange wir zu uns stehen, sind wir ganz sicher. Werden Sie also mehr und mehr geschmeidig, wenn Ihnen andere Menschen etwas einreden wollen oder einen Maßstab anlegen, der nicht der Ihre ist. Geschmeidig werden heißt, sich dem Leben anzupassen. Finden Sie heraus, was Sie in Ihrem Leben brauchen. Welche Freunde? Welche Bildung? Und legen Sie sich ein paar Sätze zurecht, die ihnen als Überbrückung dienen, wollen Sie wieder einmal zu schnell Ja zu einer Maßnahme sagen, die Ihnen persönlich gar nichts bringt.

Überbrückungssätze können sein:

- Da muss ich noch drüber nachdenken.
- Ich höre, dass dir das Thema wichtig ist.
- Ich möchte dem erst einmal nachgehen.
- Es kann sein, dass es ein Fehler ist, aber ich gehe das Risiko ein.
- Wenn nicht jetzt, dann später?
- Gibt es das nächstes Jahr nicht mehr? (Dann ist es auch nicht wichtig!)

Verschaffen Sie sich die Luft und Zeit, um richtig zu entscheiden. Das meiste kann man nachholen, das ist schon ein großer Trost. Und wenn das Angebot eine Manipulation war, dann können Sie so oder so darauf verzichten.

Frauen mit Pippilotta-Kraft glauben an ihre eigene Stärke. Sie wissen, dass sie so viel mitbringen, dass es nichts ausmacht, hin und wieder etwas abzulehnen. Sie können sich gegen Ansprüche und Forderungen von außen wehren. Mit Energie, Ironie, Zorn und einem Lachen.

Letztendlich entscheiden Sie, was in Ihr Leben gehört und welche Erfahrung, welches Wissen nicht. Leben ist Wandel. Auch

Wissenswandel. Sie können sich täglich neu entscheiden. Unwichtiges kann wichtig werden, Wichtiges unwichtig. Genau diese Leichtigkeit ist es, die uns hilft, neugierig am Leben dranzubleiben.

»Tschüs, Kinder«, rief sie vergnügt. »Jetzt kriegt ihr mich eine Weile nicht zu sehen. Aber vergesst nicht, wie viele Äpfel Anton hatte, sonst werdet ihr unglücklich. Hahaha!«

Nehmen Sie das Wissen mit Humor. Man weiß nämlich nie, ob aus Äpfeln nicht mal Birnen werden.

9. Wie hält man Veränderungen frisch?

Nur noch wenige Seiten, dann trennen sich unsere Wege – zumindest was dieses Buch angeht. Sie sind nun gestärkt und voll guten Willens, Ihre neuen Qualitäten zu bewahren und zu festigen. Diesmal wollen Sie auf keinen Fall wieder in den alten Trott verfallen. Frech, trotzig, aufmüpfig und dennoch ladylike möchten Sie Ihr Leben weiterführen. Eine Frau, die weiß, was sie will, die voll Herz und Gefühl den eigenen Lebensweg betrachtet.

So weit waren Sie schon öfter, oder? Das ist doch nicht neu, dass Sie etwas verändern wollen! Doch was können Sie nun dafür tun, dass Ihr Vorhaben diesmal glückt und das, was wir Ihnen ins Ohr geflüstert haben, langfristig wirkt?

Irgendwann haben Sie sicher einmal den Spruch gehört, dass der Mensch »ein Gewohnheitstier« ist. Eben noch auf einer neuen Fährte, rutscht das Leben nahezu unbemerkt auf den alten Weg zurück. Hoppla, denken wir uns an Silvester, da war doch mal was, das in dem letzten Jahr anders laufen sollte.

Volksweisheiten haben die Tendenz, wahr zu sein. Zumindest viele von ihnen. Das heißt aber nicht, dass wir uns nach ihnen richten müssen. Auch wenn wir vielleicht gerne glauben, »dass jeder Topf seinen Deckel findet«, so sollten wir uns gegen Aussagen wie »Was Hänschen nicht lernt, lernt Hans nimmermehr« mit Händen und Füßen wehren. Vor allem, wenn sich daraus eigene Glaubenssätze entwickelt haben, die dazu führen, dass wir irgendwann entmutigt ein Buch wie dieses in die hinterste Reihe des Buchregals schieben, nach dem Motto: »Bloß nicht mehr sehen und ja nicht mehr erinnert werden – es hat ja doch keinen Zweck.«

Sie haben in den vergangenen Kapiteln einiges darüber erfahren, wie man Ziele richtig umsetzt. Diese Schritte können Sie auch bei allen Veränderungsprozessen anwenden, die Sie in Ihrem Leben – vielleicht angeregt durch die Lektüre dieses Buchs – jetzt anstreben.

Je kleiner und einfacher die einzelnen Schritte sind, desto stärker und häufiger fühlt man Erfolg. Sind wir in einer Sache oder einem Auftreten erfolgreich, versuchen wir es zu wiederholen.

Schaffen Sie sich viele Erinnerungen an das Buch. Das können kleine Bildchen, Zettel, Hinweise und Symbole sein, die Sie immer wieder daran erinnern, dass es da etwas in Ihrem Leben gibt, dass Sie probieren und verfolgen wollen. Diese kleinen Erinnerungen funktionieren wie ein gedanklicher Anker.

Sie könnten zum Beispiel:

- ein Bild von Pippi Langstrumpf oder Astrid Lindgren aufhängen,
- sich zwei Ringelstrümpfe kaufen,
- sich zwei kleine rote Zöpfe ans Revers heften,
- sich die kleinen Pippi-Bücher auf den Nachttisch legen oder
- die Bücher mal wieder lesen!

Es gibt viele Möglichkeiten, die Sie daran erinnern können, dass Sie sich auf einem neuen Weg befinden – das gilt auch für die von Ihnen gemalten Bilder und Aufgaben, die Sie regelmäßig rekapitulieren können.

Dieser Weg ist wie eine kleine Reise. Sie benötigen ein gutes Kartenmaterial, auf das Sie regelmäßig blicken können, um zu überprüfen, ob die Richtung noch stimmt. Wir würden Ihnen vorschlagen, einen Tag im Monat für Pippilotta zu reservieren. Am besten immer den gleichen Tag, zum Beispiel den ersten Mittwoch im Monat oder den letzten Sonntag. Dieser Tag sollte unter dem Motto »Pippilotta« stehen. Wählen Sie sich ein Verhalten aus, das Sie an diesem Tag stärker üben möchten, oder lassen Sie bewusst die Beine baumeln. Machen Sie ganz allein einen Ausflug oder ärgern Sie ein wenig Ihr Umfeld mit Ihrer Widerborstigkeit, wichtig ist nur: Handeln Sie bewusst. Das heißt, dass Sie immer mal wieder innehalten und sich bei diesen neuen Verhaltensweisen beobachten. Am Abend können Sie dann so etwas wie ein kleines Resümee ziehen.

1. Worin bin ich stärker geworden?
2. Was habe ich Neues an mir erfahren?
3. Auf was habe ich Lust bekommen?

4. Auf welchem Weg befinde ich mich gerade?
5. Was gibt es zu beachten?
6. Was macht mir gerade besonders Freude?

Vielleicht hilft es Ihnen, für die Frage Nummer vier eine Skizze zu machen: Zeichnen Sie eine Gerade von null bis zehn und setzen Sie Markierungen. Die Skala kann auch aus Halbschritten bestehen. Tragen Sie ein, was für Sie der Punkt null bedeutet und was zehn. Markieren Sie Etappen und halten Sie fest, was Sie an diesen Etappen erfahren und lernen möchten. Sie wissen doch: Sie müssen genau sein, damit sich etwas tut!

Und: Es muss Spaß machen!

Die Geschichte von Pippi Langstrumpf

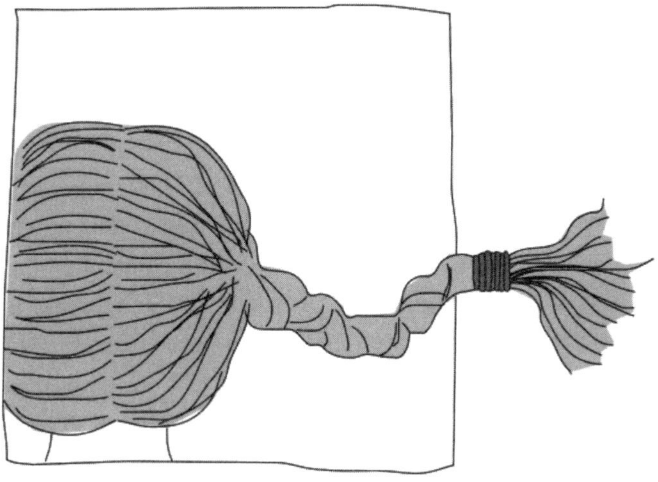

Astrid Lindgren war keine Schriftstellerin, als sie mit dem Schreiben begann; sie arbeitete als Sekretärin. Die Geschichte von Pippi Langstrumpf ist von ihr auch eigentlich nicht erfunden worden, sondern war vielleicht eher ein Geschenk des Himmels, ein echter Musenkuss. Hätte sich Astrid Lindgren Bleistift kauend an den Schreibtisch gesetzt, um eine Kindergeschichte zu schreiben, wäre sie höchstwahrscheinlich gar nicht auf Pippi und die Villa Kunterbunt gekommen. Und es ist auch zu befürchten, dass die Geschichten niemals so bunt und lebendig geworden wären, wie wir sie kennen. Pippi Langstrumpf war auch nicht für einen Verleger oder ein Buch gedacht, sondern nur für Astrid Lindgrens kleine Tochter Karin.

Diese musste 1941 aufgrund einer Lungenentzündung das Bett hüten. Karin erging es wie allen kranken Kindern, sie wurde schlecht gelaunt und ungeduldig. Abends, wenn Astrid Lindgren ihr Gute Nacht sagen wollte, fing sie an zu quengeln und wollte unterhalten werden. »Erzähl' mir was!«, soll sie gebettelt haben. Als Astrid Lindgren auf die Schnelle nichts einfiel, fragte sie bei ihrer Tochter nach. »Was soll ich dir denn erzählen?« So gesehen war sogar die kranke Tochter die Muse, denn die antwortete spontan: »Erzähl' mir was von Pippi Langstrumpf!«

Karin hatte den Namen wohl in diesem Augenblick selbst erfunden. Vielleicht haben Sie selbst schon mal einen Schreibworkshop besucht und mit Figuren gearbeitet. Es genügen wenige Details, ein Name, vielleicht die Haarfarbe, und schon sprudeln die Geschichten aus einem heraus. In wenigen Sekunden wissen Sie, ob diese Protagonistin Freunde hat, ob sie ihre Eltern mag und wie es in ihrer Küche aussieht.

Astrid Lindgren wurde genau von diesem Zauber getroffen. Sie hatte diesen merkwürdigen Namen und schon erzählte sie los. Sie brauchte nicht nachzudenken, keinen Handlungsaufbau zu erfinden, nicht nachzufragen oder herauszufinden, was sich Karin unter ihrer Pippi Langstrumpf vorstellte. Sie erzählte, und als Pippi geboren war, da stand auch gleich die Villa Kunterbunt, und Thomas und Annika lugten schon um die Ecke.

Astrid Lindgren erzählte diese Geschichten und schrieb sie erst einmal nicht auf. Aber Karin und ihre Freunde wollten immer wieder von Pippi Langstrumpf hören.

Es war im März 1944, und Stockholm war verschneit. Astrid Lindgren ging durch den Vasapark, rutschte aus und verstauchte sich den Fuß. Sie musste sich schonen und war an Couch und Bett gefesselt. Damit ihr nicht langweilig wurde, begann sie die Geschichten von Pippi Langstrumpf endlich aufzuschreiben.

Im gleichen Jahr wurde ihre Tochter Karin zehn Jahre alt. Die Idee war, Karin diese Geschichten als Buch zu schenken.

Da Astrid Lindgren von Pippi selbst auch sehr angetan war, nahm sie sich vor, das Manuskript gleichzeitig an einen Verlag zu schicken. Ein paar Kindern hatten die Geschichten ja sehr gut gefallen. Astrid Lindgren hat immer wieder erzählt, dass sie eigentlich nicht mit einer Veröffentlichung rechnete. Den Brief an den Verlag beendete sie mit den Worten: »In der Hoffnung, dass Sie nicht das Jugendamt alarmieren.«

Um das zu verstehen, auch wenn es augenzwinkernd gemeint war, muss man sich in die Zeit zurückdenken, in der Pippi Langstrumpf erfunden wurde. Wie Kinder damals erzogen wurden, insbesondere Mädchen. Astrid Lindgren wollte nicht als schlechte Mutter dastehen, die ihren Kindern völlig überdrehte und unreflektierte Geschichten erzählt. Ihnen womöglich damit »Flausen« in den Kopf setzt und sie zu Verhaltensweisen animiert, die auffallend sind und als unpassend empfunden werden könnten.

Das Manuskript wurde nicht angenommen und kam zurück. Aber Astrid Lindgren hatte den Spaß am Schreiben entdeckt. Diesmal war es ein richtiges Mädchenbuch (*Britt-Mari erleichtert ihr Herz*). Sie reichte das Manuskript 1944 bei einem Mädchenbuchwettbewerb ein und gewann den zweiten Preis.

Im folgenden Jahr, 1945, veranstaltete derselbe Verlag einen Wettbewerb zum Thema Kinderbücher. Astrid Lindgren überarbeitete Pippi Langstrumpf, schickte es ein und gewann diesmal den ersten Preis.

Pippi Langstrumpf wurde ein Erfolg, obwohl es viele Menschen gab, die die Geschichten schockierend und im pädagogischen Sinne gefährlich fanden. Sie befürchteten, andere Kinder würden sich ein Beispiel nehmen und beginnen, die Schule zu schwänzen und über Tische und Bänke zu springen. »Kein normales Kind isst beim Kaffeekränzchen eine ganze Torte auf«, schrieb jemand Astrid Lindgren entrüstet.

»Und das stimmt ja auch«, erzählte Astrid Lindgren später. »Ein normales Kind hebt aber auch kein Pferd hoch. Doch wer dazu in der Lage ist, kann vielleicht auch eine ganze Torte verdrücken!«

Astrid Lindgren wollte nie pädagogisch sein. Sie schrieb, sagte sie, um das Kind in ihrer eigenen Seele zu unterhalten. Und sie hoffte darauf, dass auch andere Kinder ein wenig Spaß mit den Geschichten hatten. Und das hatten wir!

Mehr Informationen finden Sie unter www.astrid-lindgren.de.

Nachwort

Die Idee für dieses Buch entstand in Schweden. Inmitten kleiner roter Häuschen und einer Idylle, wie wir sie noch nie erlebt hatten, fühlten wir uns sofort an die freche Heldin und die Geschichten unserer Kindheit erinnert. Und wir malten uns aus, wie diese Pippi heute als Pippilotta mit uns über die bunten Wiesen spazieren würde – eine verlockende Vorstellung. Mühelos und mit viel Freude brachten wir die ersten Ideen zu Papier und entdeckten dabei die Qualität der Kindergeschichten ganz neu. Das Ergebnis halten Sie nun in Ihren Händen.

Möglicherweise werden Sie manches Mal gedacht haben: »Das weiß ich eigentlich« oder: »Das ist doch klar«. Stimmt, vieles von dem, was wir zu Pippilotta gesammelt haben, kennt man irgendwoher. Doch »Wissen« oder »Erkennen« bedeutet eben nicht »Verändern« oder »Erreichen« – man muss etwas tun, um zum Ziel zu kommen.

Vertrauen Sie dabei auf Ihre neue alte Freundin Pippilotta.

Viel Spaß!

Carola Kupfer und *Christine Weiner*,
Grytnäs/Schweden
(www.masesgarden.se)

Danksagung

Unser großer Dank gilt unserer Agentin Margit Schönberger, die liebste und knuffigste Pippilotta, die wir kennen.

Danke an Bernd, der mal wieder konzentriert und kreativ einen Frauenratgeber Korrektur las (und dabei nicht vom Stuhl fiel).

Danke an unsere Lektorinnen Christiane Kramer und Anne Stadler, die uns so intensiv, schlau und fröhlich durch dieses Buch begleiteten.

Danke an Joschka für seine Geduld.

Danke an Pavlina, die uns großzügig ihre gesammelten Pippi-Langstrumpf-Bücher zur Verfügung stellte.

Und ganz wichtig: Danke an Astrid Lindgren, dass es Pippi Langstrumpf gibt!

Register

Abgrenzung 103
Abhängigkeit 21, 155
Akzeptanz 19
Alleinsein 152–155, 158, 169
– Beispiel 154
Alternativen 15, 71
Angebote/Einladungen ablehnen 183–185
– Übung 185
Ängste 10, 28, 54, 96, 137, 141
Ansprüche 115–117, 125, 141
Auffallen 92, 96, 98 f.
Außeneinflüsse 143

Bedenkenträger 46
Bedürfnisse 35, 107, 117, 136, 157, 167, 169, 185, 187
Beeinflussung durch andere 116 f.
Begrenzungen 32
Belohnung 38 f., 63
Bescheidenheit 101
Beschränkungen 42
Bildung 135, 137, 186, 190
Bildungslücke, vermeintliche 136, 178 f., 188 f.
– Beispiel 188
Blick nach vorne 67 f., 71
Blick zurück 71, 73, 77, 82, 87
– Beispiel 81 f.
– Übung 78 f.
Blockaden 48, 81, 137
Bremsende Selbstbotschaften 53

Chaos 147, 160

»Das-will-ich-nicht-Liste« 58
Dinge neu betrachten 126
Direktmarketing als Manipulation 180 f.

Eigene Grenzen 103
Eigene Leitgedanken 49
Einsamkeit 150–152, 162 f., 165 f., 169
Einsamkeit bewerten 162 f.
Einsamkeit umbenennen 166
Eitelkeit 28
Emotionen 26
Entfaltung 48
Erfahrungen 43, 45, 53 f., 56, 74, 76, 87, 123, 143
Erfahrungen anderer 74 f.
– Übung 75
Erfolg 32 f., 35, 48 f., 59, 62, 67, 145, 194

Erfolg als Motivator 62
Erwartungen 34, 115, 121, 125, 154–156, 160

Fähigkeiten 15, 18, 24, 28, 36, 49
Familie 29 f., 35, 67, 74–76, 96, 140, 143
Familie, selbst gewählte 75, 77
Feedback von Freunden 100
Fehler, eigene 130
Finden ohne Suche 108, 111 f., 119–121
Flexibilität 70 f., 73, 147
Freiräume 13
Freundschaft 28, 32, 35, 171

Gefühle 81, 86, 136, 162–167
Gefühle unterscheiden lernen 165–167
Gefühlswelt gestalten 164 f.
Gesellschaftliche Normen 142
Glaubenssätze, negative 45, 48 f., 51 f., 57, 62, 80 f., 85 f., 141, 194
Glaubenssätze, positive 48 f., 81
Glück 20 f., 32, 34, 53, 59, 124 f., 145, 147 f., 151, 159
Glück finden 118–120, 123
Glücksgefühl 33–35, 121
Glückstagebuch 123

Ignoranz 130
Impulse 44, 46
Individualität 24, 95, 105
Individuelles Glück 59
Innere Bedenkenträger 43–45
– Beispiel 47
– Übung 45 f.
Innere Bilder 33, 61
Innere moralische Instanz 42
Innere Schätze 19 f., 22–26, 31, 34, 36, 50 f.
– Beispiele 20, 23, 33 f.
– Übungen 19, 23
Innere Verbote 48
Innere Welten 23
Inneres Glück 20
Instinkt 71, 136, 165
Irritation 63

Kindheit 28–32, 56, 68, 81, 84, 112
Kindheit, unschöne Erlebnisse 81–83
Kindheitserinnerungen 12 f., 29–33, 138
Kindheitsschätze 29 f.
Kontakt zu sich selbst 169 f.

Lebensziele 15
Lockerheit 129 f., 134 f., 139 f.

Manipulation 116 f., 142, 176–183, 188, 190
– Beispiele 178, 180
Manipulation durchschauen 182 f., 189
Manipulation, Überbrückungssätze 190
Menschenfreundlichkeit 101, 105
Merkwürdigkeit 98, 101, 103–105
Misserfolg 62
Mut zum individuellen Ausdruck 98

Nähe, Wunsch nach 155 f.
Negative Grundannahmen umformulieren 84 f.

Neuer Blickwinkel 15
Nutzwerte 13

Objektive Eckdaten 24
Organisiertes Chaos 147

Perfektionismus 132–135, 138–145
– Beispiel 133 f.
– Übungen 138–140
Perfektionismusfalle 140 f., 143
Persönliches Umfeld 63
Persönlichkeit 15, 24
Perspektive 66 f.
Planung 67–71

Rede auf sich selbst 26–28, 37
Ruhe 23

Schattenseiten 50
Schwächen 53, 55 f., 130
– betonen 51 f.
– umformulieren 52 f., 55
Selbstbewusstsein 39, 50, 127, 130, 137, 170, 183
Selbstinszenierung 93
Selbstironie 104
Selbstmotivation 145
Selbstvertrauen 123, 170
Selbstwert 34, 39, 127
Selbstzensur 57
Selbstzufriedenheit 33, 132
Sicherheit 19, 34, 70, 72 f., 126
Sich selbst beschenken 125 f.
Sich selbst glücklich machen 159–162
– Beispiel 161 f.
Spekulation 69
Spontaneität 70, 160
Stärke als Sicherheit 70
Stärken 25, 53, 55 f., 130
Stärken-Schwächen-Profil 51, 53
– Übungen 53 f., 56
Stimmungen 165 f.
Stolz 15, 18, 24, 33, 52, 63, 71, 93, 133
Stress 23, 129

Teilerfolge 62
Teilziele 62
»To-do-Liste« 62
Toleranz 126
Träume 11, 13 f., 32, 47 f., 54 f.
Tunnelblick 109

Unabhängigkeit 22
Unterbewusstsein 15, 118
Unterstützung von außen 144
Unüberlegtes Handeln 160
Unvollkommenheit 129, 133
– Beispiel 133 f.
Ursache-Wirkung-Regel 81

Veränderungen 37, 55, 63, 122, 143 145
– Übung 144
Veränderungsetappen 196
Verantwortung für sich selbst 169 f.
Versagensgefühl 138
Visionen 49, 54
Voraussicht 69

Wachstumsziele formulieren 57
»Wenn-dann-Spiele« 70
Werbung 180 f., 186 f.
Wissen um sich selbst 50 f.
Wissen, was man will 59–61

– Übungen 60f.
Wissenslücke, vermeintliche 136, 178f., 188f.
– Beispiel 188
Wohlgefühle 33
Wünsche 35, 42, 44, 53f., 56f., 63, 92, 107, 143, 156–158
Wünsche erkennen und erfüllen 157
Ziele 26, 35, 37, 46, 53f., 59, 61–63, 70, 159, 194
– undeutliche 61
Zielfixierung 109
Zielstrebigkeit 71
Zufriedenheit 21, 118, 145, 158f.
Zukunft einschätzen 71–73
Zweckorientiertes Handeln 159
Zwischenziele 62, 145–147
– Übung 146